W0190311

SV

Peter Singer

Effektiver Altruismus

Eine Anleitung zum ethischen Leben

Aus dem Englischen von Jan-Erik Strasser

Suhrkamp

Die Originalausgabe erschien unter dem Titel *The Most Good You Can Do. How Effective Altruism Is Changing Ideas About Living Ethically* bei Yale University Press © 2015 by Yale University.

Teile dieses Buches gehen auf die Castle Lectures zurück, die Peter Singer im Rahmen des Programms für Ethik, Politik und Wirtschaft im Jahr 2013 an der Yale University gehalten hat.

Die Castle Lectures wurden von John K. Castle gestiftet. Sie ehren seinen Vorfahren, den Reverend James Pierpont, einen der Gründer der Yale University. Die Castle Lectures werden von bekannten Personen des öffentlichen Lebens gehalten und sollen das Nachdenken über die moralischen Grundlagen von Gesellschaft und Regierung fördern sowie das Verständnis derjenigen ethischen Probleme verbessern, mit denen Menschen in unserer komplexen modernen Gesellschaft konfrontiert sind.

Bibliografische Information der Deutschen Nationalbibliothek
Die Deutsche Nationalbibliothek verzeichnet diese Publikation
in der Deutschen Nationalbibliografie;
detaillierte bibliografische Daten sind im Internet
über http://dnb.d-nb.de abrufbar.

Erste Auflage 2016
© dieser Ausgabe Suhrkamp Verlag Berlin 2016
Satz: Satz-Offizin Hümmer GmbH, Waldbüttelbrunn
Druck: CPI – Ebner & Spiegel, Ulm
Printed in Germany
ISBN 978-3-518-58688-4

Inhalt

Danksagung

Die Inspiration für dieses Buch verdanke ich allen, die den effektiven Altruismus praktizieren – Ihr seid der lebende Beweis dafür, dass jene Zyniker Unrecht haben, die behaupten, Menschen seien einfach nicht fähig, sich um das Wohlergehen von Fremden zu sorgen. Eure Art der Anteilnahme für andere und Euer Wille, auf der Basis von Gründen und Fakten zu handeln, sind die Eckpfeiler der Bewegung, von der dieses Buch handelt. Ich danke den im Text Erwähnten für die Erlaubnis, ihre Geschichten mit einem breiteren Publikum teilen zu dürfen. Auch darin folgt Ihr den verfügbaren Belegen – in diesem Fall sind das Untersuchungen, die zeigen, dass Menschen eher bereit sind, Fremden zu helfen, wenn sie wissen, dass andere das Gleiche tun.

Den unmittelbaren Anstoß, dieses Thema aufzugreifen, gab die Einladung, die Castle Lectures an der Yale University zu halten. Ich danke sowohl dem Castle-Lectures-Komitee unter Vorsitz von Nicholas Sambanis als auch John Castle, dem Stifter dieser Vortragsreihe. Mr. Castle wies bei einem der nach einer solchen Vorlesung üblichen Abendessen auf eine gewisse Spannung hin, die zwischen meinen Ansichten über das Spenden an sehr wohlhabende Universitäten und der Tatsache besteht, dass gerade diese von ihm finanzierten Vorlesungen es mir ermöglichten, meine Argumente Hunderten von Yale-Studenten (und nun, so könnte er hinzufügen, einem noch viel größeren Publikum) vorzutragen und damit ihr zukünftiges Handeln zu beeinflussen. Ich hoffe sehr, dass seine Gabe mehr Gutes bewirken wird als alles, was er sonst mit dem Geld hätte tun können, auch wenn ich daran festhalte, dass er einen so glücklichen Ausgang nun wirklich nicht vorhersehen konnte.

Viele Menschen haben Entwürfe oder Teile dieses Buches gelesen, hilfreiche Kommentare gegeben und meine Fragen beantwortet. Danken möchte ich insbesondere Anthony Appiah, Paul Bloom, Jon Bockman und Allison Smith von Animal Charity Evaluators, Paul van den Bosch von Give A Kidney, Nick Bostrom, Richard Butler-Bowdon, Di Franks von der Living Kidney Donation, Holden Karnofsky von GiveWell, Katarzyna de Lazari-Radek, Peter Hurford, Michael Liffman, Will MacAskill, Yaw Nyarko, Caleb Ontiveros, Toby Ord, Theron Pummer, Rob Reich, Susanne Roff, Agata Sagan und Aleksandra Taranow. Mein spezieller Dank gilt Mona Fixdal, deren großartige Unterstützung bei der Vorbereitung meines Online-Kurses »Praktische Ethik« es mir ermöglichte, mehr Zeit für das Schreiben dieses Buches zu erübrigen. Der Wiederabdruck der Abbildungen 1 und 2 wurde von Julia Wise genehmigt; die Illustrationen stammen von Bill Nelson. Zuletzt danke ich auch dem Team der Yale University Press: Bill Frucht, meinem Lektor, für seine konstruktive Kritik während des gesamten Schreibprozesses; Lawrence Kenney für seine Vorschläge im Lektorat; Jaya Chatterjee, der Lektoratsassistentin; sowie Margaret Otzel, die für den reibungslosen Ablauf in der Herstellung gesorgt hat.

Einige Passagen des Buches stützen sich auf bereits veröffentlichte Arbeiten. Über »Batkid« schrieb ich zuerst in »Heartwarming causes are nice, but let's give to charity with our heads« (*Washington Post*, 20.12.2013.); Teile meiner Argumentation in Kapitel 11 entstammen »Good Charity, Bad Charity« (*New York Times*, 11.8.2013.). Kapitel 15 enthält Stellen aus dem zusammen mit Nick Beckstead und Matt Wage verfassten »Preventing Human Extinction«, das unter ⟨www.effective-altruism.com/ea/50/preventing_human_ex

tinction/⟩ abrufbar ist. Eine ausführlichere Formulierung des Arguments bezüglich der Rolle, die Vernunft und Gefühl bei der Motivierung des Altruismus spielen, findet sich in Kapitel 2 von *The Point of View of the Universe* (Katarzyna de Lazari-Radek, Peter Singer, Oxford: Oxford University Press 2014).

Peter Singer,
University Center for Human Values,
Princeton University &
School of Historical and Philosophical Studies,
University of Melbourne

Vorwort

Eine aufregende neue Bewegung ist im Entstehen: der effektive Altruismus. Neue studentische Organisationen gründen sich, und in sozialen Netzwerken, auf Webseiten sowie in Zeitungen wie der *New York Times* oder der *Washington Post* werden lebhafte Diskussionen darüber geführt.

Der effektive Altruismus beruht auf einer ganz einfachen Idee: Wir sollten so viel Gutes tun wie möglich. Die üblichen Regeln zu befolgen – nicht zu stehlen, zu betrügen, zu verletzen und zu töten – ist zu wenig, oder es ist zumindest nicht genug für Menschen wie uns, denn glücklicherweise haben wir keine materiellen Sorgen, können uns und unseren Angehörigen also Nahrung, Kleidung und ein Dach über dem Kopf verschaffen und verfügen darüber hinaus immer noch über reichlich Geld und Zeit. Ein auch nur minimal akzeptables ethisches Leben zu führen beinhaltet, einen wesentlichen Teil dieser überschüssigen Ressourcen zur Weltverbesserung einzusetzen. Ein im vollen Sinne ethisches Leben zu führen beinhaltet, so viel Gutes zu tun, wie wir können.

Obwohl sich die so genannten Millennials (also die erste Generation, die im neuen Jahrtausend erwachsen wurde) am meisten für den effektiven Altruismus engagieren, haben ältere Philosophen wie ich schon über ihn nachgedacht, bevor er einen Namen hatte oder eine Bewegung war. Der als »praktische Ethik« bekannte Zweig der Philosophie hat eine wichtige Rolle bei der Entwicklung des effektiven Altruismus gespielt, und dieser wiederum bestätigt die Bedeutung der Philosophie, da er zeigt, dass sich das Leben derer, die das Fach studieren, auf manchmal höchst dramatische Weise ändern kann.

Die meisten effektiven Altruisten sind keine Heiligen, sondern Menschen wie du und ich; die wenigsten behaupten also, ein ethisches Leben im vollen Sinne zu führen. In der Regel stehen sie irgendwo zwischen den Polen eines völlig und eines minimal akzeptablen ethischen Lebens. Moralisch unvollkommen zu sein, verursacht ihnen aber keine permanenten Schuldgefühle. Effektive Altruisten sehen wenig Sinn darin, ein schlechtes Gewissen zu haben; sie konzentrieren sich lieber auf das Gute, das sie bewirken. Einige von ihnen sind damit zufrieden, einen wichtigen Beitrag zur Weltverbesserung zu leisten; viele versuchen, jedes Jahr ein bisschen mehr zu tun.

Der effektive Altruismus ist in mehreren Hinsichten bemerkenswert, die ich im Folgenden alle genauer untersuchen werde. Zuallererst: Er bewegt tatsächlich etwas. Die Philanthropie ist heute zu einem riesigen Geschäft geworden. Allein in den Vereinigten Staaten gibt es fast eine Million Wohltätigkeitsorganisationen, die jährlich insgesamt etwa 200 Milliarden Dollar an Spendengeldern erhalten; hinzu kommen noch einmal rund 100 Milliarden für Religionsgemeinschaften. Einige dieser Einrichtungen handeln in betrügerischer Absicht, doch die Intransparenz der meisten Organisationen stellt das wesentlich größere Problem dar: Es lässt sich nicht entscheiden, ob sie wirklich Gutes tun. Der Großteil der 300 Milliarden wird gespendet, weil die entsprechenden Hilfsorganisationen uns einfach Bilder von Menschen, Tieren oder Wäldern zeigen, die uns emotional berühren und so zum Spenden animieren. Der effektive Altruismus versucht, dies zu ändern, indem er Wohltätigkeitsorganisationen belohnt, die ihre Effektivität nachweisen können. Schon jetzt sorgt die Bewegung dafür, dass Millionen von Dollar an Hilfswerke fließen, die durch extreme

Armut verursachtes Leiden und Sterben wirksam verringern.

Zweitens gibt uns der effektive Altruismus die Möglichkeit, unserem Leben einen Sinn zu verleihen und uns in dem, was wir tun, zu verwirklichen. Viele effektive Altruisten sagen, dass es ihnen guttut, Gutes zu tun. Sie helfen anderen auf möglichst direkte Art, doch indirekt profitieren sie oft selbst davon.

Drittens wirft der effektive Altruismus neues Licht auf alte philosophische und psychologische Fragen: Sind wir im Wesentlichen durch unsere angeborenen Bedürfnisse und emotionalen Reaktionen bestimmt, während unsere rationalen Vermögen nur ein wenig rechtfertigende Tünche auf Handlungen sind, die schon feststanden, bevor wir überhaupt nach Gründen dafür suchten? Oder kann die Vernunft eine entscheidende Rolle bei unserer Lebensgestaltung spielen? Was bringt manche Menschen dazu, über die eigenen Interessen und diejenigen ihrer Lieben hinaus die Interessen von Fremden, künftigen Generationen und Tieren in den Blick zu nehmen?

Zuletzt gibt das Aufkommen des effektiven Altruismus und die offensichtliche Begeisterung und Intelligenz, mit der ihm viele Millennials am Anfang ihrer Karriere begegnen, Anlass zum Optimismus. Seit langem schon wird bezweifelt, dass Menschen tatsächlich von einer selbstlosen Anteilnahme am Schicksal anderer motiviert sein können. Unsere moralischen Vermögen seien vielmehr auf die Hilfe für wenige Personen beschränkt: unsere Verwandten, diejenigen, mit denen wir in wechselseitig vorteilhaften Beziehungen stehen oder stehen könnten sowie Mitglieder unserer eigenen Stammesgruppe oder Gemeinschaft. Der effektive Altruismus spricht jedoch für das Gegenteil. Er zeigt, dass wir dazu fähig sind, unseren moralischen Horizont zu erweitern, Entscheidungen auf Grundlage einer umfassenderen Form von Altruismus zu treffen und unsere Vernunft einzusetzen, um die Folgen unseres Handelns zu prognostizieren. Daher gibt er Grund zu der Hoffnung, dass künftige Generationen den moralischen Anforderungen einer neuen Zeit gewachsen sind, in der unsere Probleme nicht nur lokaler, sondern auch globaler Natur sein werden.

I. Effektiver Altruismus

1. Was ist der effektive Altruismus?

Ich lernte Matt Wage im Jahr 2009 kennen, als er mein Seminar »Praktische Ethik« an der Princeton University besuchte. In der Seminarlektüre ging es um die weltweite Armut und was wir dagegen unternehmen sollten. Matt fand eine Schätzung, die angab, wie viel es kostet, das Leben eines der Millionen von Kindern zu retten, die jedes Jahr an Krankheiten sterben, die wir eigentlich verhüten oder heilen können. Dies brachte ihn darauf, auszurechnen, wie viele Menschen er im Lauf seines Lebens retten könnte. Dazu setzte Matt ein Durchschnittseinkommen an, von dem er 10 % an eine hocheffektive Organisation spenden wollte, also eine, die beispielsweise Moskitonetze zur Prävention von Malaria – eine der Hauptursachen der Kindersterblichkeit – an Familien verteilt. Als er herausfand, dass er so etwa 100 Menschenleben würde retten können, sagte er sich: »Angenommen, du siehst ein in Flammen stehendes Haus, kämpfst dich durch das Feuer, trittst eine Tür ein und befreist 100 dahinter eingesperrte Menschen. Das wäre der beste Tag deines Lebens. Und ich könnte genauso viel Gutes tun!«[1]

Zwei Jahre später war Matt mit dem Studium fertig. Seine Abschlussarbeit wurde von der philosophischen Fakultät als beste des Jahres ausgezeichnet, und die University of Oxford ließ ihn zur Promotion zu. Viele Philosophiestudenten träumen von so einer Gelegenheit – ich jedenfalls tat das –, doch Matt hatte in der Zwischenzeit viel darüber nachge-

---

1 E-Mails von Matt Wage an den Autor, 2013-2014, sowie von Matts Besuch meines Kurses an der Princeton University, 23. 10. 2013. Das Seminar wurde aufgezeichnet und ist Teil des Kurses »Praktische Ethik«, der zuerst von März bis Juni 2014 auf Coursera angeboten wurde.

dacht und mit anderen diskutiert, welche berufliche Laufbahn es ihm erlauben würde, am meisten Gutes zu tun. Daraufhin traf er eine ganz andere Entscheidung: Er ging an die Wall Street, um für ein Unternehmen zu arbeiten, das im Arbitragehandel tätig ist. Ein höheres Einkommen ermöglicht es ihm, sowohl prozentual als auch absolut gesehen viel mehr zu geben als 10 % eines Professorengehalts. Schon ein Jahr nach seinem Abschluss spendete Matt einen sechsstelligen Betrag – rund die Hälfte seines Jahresverdiensts – an hochgradig effektive Wohltätigkeitsorganisationen. So rettete er 100 Menschen das Leben, und zwar nicht im Lauf seiner ganzen Karriere, sondern innerhalb der ersten ein bis zwei Jahre seines Berufslebens – und ebenso in jedem weiteren, seitdem vergangenen Jahr.

Matt handelt effektiv altruistisch. Seine Berufswahl ist allerdings nur eine von mehreren Möglichkeiten, die effektiven Altruisten zur Verfügung stehen. Diese tun unter anderem Folgendes:

- bescheiden leben und einen großen Teil ihres Einkommens – oft viel mehr als den traditionellen Zehnten – an effektive Hilfsorganisationen spenden;
- recherchieren und mit anderen darüber diskutieren, welche Wohltätigkeitsorganisationen am effektivsten sind, oder sich dabei auf Resultate anderer unabhängiger Gutachter stützen;
- diejenige Karriere einschlagen, in der sie am meisten verdienen können – nicht, um in Saus und Braus zu leben, sondern, um mehr Gutes zu tun;
- persönlich oder online mit anderen über das Spenden sprechen, damit die Ideen des effektiven Altruismus sich verbreiten;

- einem Fremden einen Teil ihres Körpers spenden – Blut, Knochenmark oder sogar eine Niere.

In den folgenden Kapiteln wird es um Menschen gehen, die diese Dinge getan haben.

Was vereint die gerade aufgezählten Handlungen unter dem Banner des effektiven Altruismus? Die Definition, die sich für diesen gerade einbürgert, lautet: »Eine Philosophie und soziale Bewegung, die Informationen und Verstand darauf verwendet herauszufinden, wie sich die Welt möglichst effektiv verbessern lässt.«[2] Die Definition schweigt sich sowohl über die Motive eines effektiven Altruisten als auch über die ihm entstehenden Kosten aus, was seltsam erscheinen mag, wo der Altruismus doch schon im Namen der Bewegung vorkommt. Üblicherweise wird diesem der Egoismus, also der Eigennutz, gegenübergestellt, aber dennoch sollten wir nicht glauben, der effektive Altruismus erfordere die Selbstaufopferung im Sinne von etwas, das den eigenen Interessen notwendig zuwiderläuft: Am besten für alle ist es, wenn man möglichst viel für andere tut und davon auch noch selbst profitiert. Wie ich in Kapitel 9 zeige, bestreiten viele effektive Altruisten, dass ihnen überhaupt etwas abverlangt wird – und dennoch handeln sie altruistisch, da sie in erster Linie darum bemüht sind, möglichst viel Gutes zu tun. Die Tatsache, dass sie selbst Erfüllung und Glück darin finden, schmälert ihren Altruismus nicht.

Psychologen, die sich mit dem Spendenverhalten beschäftigen, ist aufgefallen, dass manche Menschen erhebliche Summen an nur ein oder zwei Hilfsorganisationen spenden, während andere Menschen oft, aber wenig geben. Erstere informieren sich darüber, was diese Organisationen tun

2 »Effective Altruism«, Wikipedia, ⟨https://en.wikipedia.org/wiki/Effective_altruism⟩.

und ob sie wirklich einen positiven Einfluss haben. Sprechen die Indizien dafür, dann geben sie ihnen einen großen Betrag. Wer häufig kleine Summen spendet, ist dagegen nicht besonders daran interessiert, ob er anderen hilft. Psychologen nennen solche Menschen *warm glow givers* – Leute, die sich durch den Akt des Spendens ein gutes Gefühl verschaffen möchten und denen es nicht darauf ankommt, ob sie damit auch etwas bewirken. In vielen Fällen ist ihre Spende so gering (10 Dollar oder weniger), dass sie mit ein wenig Überlegung einsehen könnten, dass schon die Bearbeitungsgebühren deren Nutzen für die Hilfsorganisation wahrscheinlich übersteigen.[3]

Im Jahr 2013 versammelten sich zu Beginn der mit einer stark erhöhten Spendenbereitschaft verbundenen Weihnachtssaison 20 000 Menschen, um einen fünfjährigen, als »Batkid« verkleideten Jungen zu bestaunen, der in einem Batmobil und mit einem als Batman verkleideten Schauspieler an seiner Seite durch die Straßen San Franciscos fuhr. Die beiden retteten eine Jungfrau in Nöten und fassten den »Riddler« – heroische Akte der Verbrechensbekämpfung, für die sie vom Bürgermeister (nicht etwa von einem Schauspieler, es war wirklich der echte Bürgermeister San Franciscos) den Stadtschlüssel von »Gotham City« erhielten. Der Junge, Miles Scott, hatte aufgrund von Leukämie drei Jahre

---

3 Dean Karla, Daniel Wood, »The Effect of Effectiveness. Donor Response to Aid Effectiveness in a Direct Mail Fundraising Experiment«, Economic Growth Center Discussion Paper No. 1038/Economics Department Working Paper No. 130, Yale University, 15.4.2014., ⟨http://ssrn.com/abstract=2 421 943⟩; siehe insbesondere S. 2-5 zu einer Diskussion des *warm glow giving* und S. 15 zu Spenden, die geringer sind als die Bearbeitungsgebühren. Zu anderen Studien des *warm glow giving* siehe Heidi Crumpler, Philip J. Grossman, »An Experimental Test of Warm Glow Giving«, *Journal of Public Economics* 92 (2008), S. 1011-1021; und Clair Null, »Warm Glow, Information, and Inefficient Charitable Giving«, *Journal of Public Economics* 95 (2011), S. 455-465.

Chemotherapie über sich ergehen lassen müssen, und als er nach seinem größten Wunsch gefragt wurde, antwortete er: »Batkid sein«. Die Make-A-Wish-Foundation machte es möglich.

Verschafft Ihnen diese Geschichte ein wohliges Gefühl? Mir schon, allerdings weiß ich auch, dass sie noch eine andere Seite hat. Die Make-A-Wish Foundation wollte nicht preisgeben, wie viel Geld ihr Miles' Anliegen wert war, sie verriet jedoch, dass ein erfüllter Herzenswunsch durchschnittlich 7500 Dollar kostet.[4] Effektive Altruisten haben wie jedermann das emotionale Bedürfnis, die Wünsche kranker Kinder zu erfüllen, aber sie wissen auch, dass man mit 7500 Dollar ausreichend Malariavorsorge betreiben kann, um das Leben von mindestens drei und vielleicht noch deutlich mehr Kindern zu retten. Bereits *ein* Kinderleben ist mehr wert als der Wunsch eines Kindes, Batkid zu sein, und vor die Wahl gestellt, ihrem Sohn den Wunsch zu erfüllen oder seine Leukämie zu heilen, hätten Miles' Eltern fraglos das Heilmittel genommen. Die richtige Entscheidung ist noch offensichtlicher, wenn gleich mehrere Kinder auf einmal gerettet werden könnten. Warum unterstützen dann so viele Menschen die Make-A-Wish Foundation anstelle der höchst effektiv arbeitenden Against Malaria Foundation, die Moskitonetze an Familien in betroffenen Regionen verteilt? Zum Teil liegt das an dem emotionalen Sog des Wissens, dass man gerade *diesem* Kind hilft. *Sein* Gesicht ist im Fernsehen zu sehen, dasjenige der anonymen Kinder, die ohne den Schutz der Moskitonetze an Malaria sterben, jedoch nicht. Zum Teil liegt es auch an der Tatsache, dass Make-A-Wish sich an Amerikaner wendet und Miles ein amerikanisches Kind ist.

Auch effektive Altruisten werden den Drang verspüren,

4 Make-A-Wish Foundation, »Miles' Wish to Be Batkid«, ⟨http://sf.wish.org/wishes/wish-stories/i-wish-to-be/wish-to-be-batkid⟩.

einem bestimmten Kind ihres Heimatlandes, ihrer Region oder ihrer Ethnie zu Hilfe zu kommen – aber dann fragen sie sich, ob das wirklich das Beste ist. Ihnen ist klar, dass man lieber ein Leben retten sollte, als einen Wunsch zu erfüllen, und dass drei Leben mehr wert sind als eines. Daher lassen sie sich nicht von ihren Gefühlen leiten, sondern setzen sich für diejenige gute Sache ein, bei der ihre Fähigkeiten sowie ihre Zeit- und Geldressourcen das Beste bewirken.

Das Beste oder so viel Gutes wie möglich zu tun ist eine vage Idee, die viele Fragen aufwirft. Hier sind ein paar der offensichtlicheren sowie einige vorläufige Antworten:

Was zählt als »das Beste«?
Auch wenn nicht alle effektiven Altruisten die gleiche Antwort auf diese Frage geben, teilen sie doch einige Werte: Sie alle sind sich einig, dass eine Welt, in der es weniger Leid und mehr Glück gibt, *ceteris paribus* besser ist als eine, in der es sich umgekehrt verhält; die meisten würden auch sagen, dass eine Welt, in der die Menschen länger leben, *ceteris paribus* besser ist als eine, in der sie ein kürzeres Leben führen. Diese Werte erklären, warum viele effektive Altruisten vordringlich extrem armen Menschen helfen. In Kapitel 10 wird sich zeigen, dass unser Geld wesentlich mehr Leid lindern und Leben retten kann, wenn wir damit Menschen unterstützen, die in Entwicklungsländern in größter Armut leben, anstatt es für die meisten anderen wohltätige Zwecke auszugeben.

Zählt das Leid jedes Einzelnen gleich viel?
Für effektive Altruisten wiegt ein Leid nicht weniger schwer, weil es Menschen betrifft, die weit entfernt oder in einem anderen Land leben oder einer anderen Ethnie oder Religion angehören. Sie stimmen darin überein, das Leid von Tieren ebenfalls zählen zu lassen, und sie sind sich im Großen und

Ganzen einig, dass es nicht schon deshalb weniger schwer wiegen sollte, weil die Leidtragenden nicht zu unserer Spezies gehören. Allerdings gewichten sie tierisches im Vergleich zu menschlichem Leid eventuell unterschiedlich.[5]

Bedeutet »so viel Gutes tun wie möglich«, dass es falsch ist, seine eigenen Kinder zu bevorzugen? Es kann doch nicht falsch sein, die Interessen von Familienangehörigen und engen Freunden über die Interessen von Fremden zu stellen?
Effektive Altruisten können zugeben, eine besondere Verantwortung für das eigene Kind zu haben, die diejenige für die Kinder von Fremden überwiegt. Dafür gibt es mehrere mögliche Gründe. Die meisten Eltern lieben ihre Kinder, und es wäre weltfremd, von ihnen zu verlangen, sich im Zweifelsfall nicht für die eigenen und gegen andere Kinder zu entscheiden. Wir sollten diese Voreingenommenheit auch gar nicht zu verhindern suchen, da es Kindern in Familien, deren Mitglieder zusammenhalten und sich lieben, besser geht, und da es zugleich nicht möglich ist, jemanden zu lieben, ohne sich mehr um dessen Wohlergehen zu sorgen als um das anderer Menschen. In jedem Fall sind effektive Altruisten keine Heiligen, sondern Menschen aus Fleisch und Blut. Es ist ein wichtiger Teil ihres Lebens, möglichst viel Gutes zu tun, aber sie denken nicht rund um die Uhr ausschließlich daran. Wie wir noch sehen werden, lassen sich effektive Altruisten normalerweise genug Zeit und Mittel, um zu entspannen und das zu tun, was sie wollen. Und die meisten von uns möchten nun einmal unbedingt Zeit mit ihren Kindern, Angehörigen oder Freunden verbringen. Effektive Altruisten verstehen aber auch, dass die dringenderen Bedürfnisse anderer Menschen ihnen Grenzen dafür

5 Siehe etwa Holden Karnofsky, »Deep Value Judgments & Worldview Characteristics«, ⟨http://blog.givewell.org/2013/04/04/deep-value-judgments-and-worldview-characteristics/⟩.

setzen, wie viel sie für den eigenen Nachwuchs tun sollten. Sie glauben nicht, dass ihre Kinder immer das neueste Spielzeug oder eine verschwenderische Geburtstagsfeier brauchen, und sie lehnen die weit verbreitete Überzeugung ab, Eltern sollten praktisch ihren ganzen Besitz den eigenen Kindern vererben, anstatt einen wesentlichen Teil denen zu vermachen, die viel mehr davon profitieren können.

Wie steht es mit anderen Werten, beispielsweise Gerechtigkeit, Freiheit, Gleichheit oder Wissen?
Die meisten effektiven Altruisten halten solche Werte für gut, weil sie notwendig für die Schaffung von Gemeinschaften sind, in denen Menschen ein besseres Leben führen können – ein längeres und weniger leidvolles Leben, frei von Unterdrückung, mit größerer Selbstachtung und der Freiheit zu tun, was immer sie wollen.[6] Zweifellos schätzen einige effektive Altruisten diese Werte unabhängig davon auch um ihrer selbst willen, andere jedoch tun das nicht.

Kann auch die Förderung der Künste eine Rolle dabei spielen?
In einer Welt, die weder extreme Armut noch die übrigen großen Probleme kennt, denen wir uns heute gegenübersehen, würde es sich lohnen, die Künste zu unterstützen. In unserer Welt aber wird eine Spende für Opernhäuser oder Museen wahrscheinlich nicht so viel Gutes bewirken wie nur möglich. Auf die Gründe dafür komme ich in Kapitel 11 zu sprechen.

Wie viele effektive Altruisten kann es geben? Kann jeder mitmachen?
Jeder, der ein wenig Zeit oder Geld hat, kann effektiv altruis-

6 Ebd.

tisch sein. Leider wollen die meisten Leute – und wie wir ebenfalls in Kapitel 11 sehen werden, zählen dazu sogar professionelle Spendenberater – gar nicht so genau wissen, wofür sie spenden sollen. Insofern ist es unwahrscheinlich, dass sich schon bald jeder zum effektiven Altruisten wandelt. Die spannendere Frage lautet, ob es genug von ihnen geben wird, um das Spendenverhalten in den wohlhabenden Nationen zu beeinflussen. Einige vielversprechende Anzeichen weisen in diese Richtung.

Was ist, wenn man mit seiner Handlung zwar ein Leid mindert, dafür aber lügen oder einem Unschuldigen schaden muss?
Im Allgemeinen erkennen effektive Altruisten an, dass das Brechen einer moralischen Regel, die das Töten oder Verletzen eines Unschuldigen verbietet, fast immer schlimmere Folgen hat als das Befolgen dieser Regel. Selbst kompromisslose Utilitaristen, die Handlungen ausschließlich nach ihren Konsequenzen beurteilen, halten nicht viel von hypothetischen Szenarien, denen zufolge wir grundlegende Menschenrechte im Interesse einer fernen, besseren Zukunft verletzen sollten. Sie wissen, dass Lenin, Stalin, Mao und Pol Pot Visionen einer künftigen utopischen Gesellschaft zur Rechtfertigung unaussprechlicher Gräueltaten benutzten, und selbst heute noch glauben manche Terroristen, ihre Verbrechen so legitimieren zu können. Kein effektiver Altruist will, dass sich diese Tragödien wiederholen.

Angenommen, ich errichte eine Fabrik in einem Entwicklungsland und zahle den Arbeitern mehr als dort üblich und genug, um sie aus ihrer extremen Armut zu befreien. Macht mich das zu einem effektiven Altruisten, selbst wenn ich mit der Fabrik Profit mache?
Nun, es hängt davon ab, was ich mit dem Gewinn tue. Lasse ich in diesem Land produzieren, um den Menschen aus ihrer

Not herauszuhelfen, dann werde ich auch einen Großteil des Profits reinvestieren, um noch mehr Leuten helfen zu können. In diesem Fall bin ich effektiver Altruist. Mache ich mir dagegen mit dem Geld ein schönes Leben, dann macht die Tatsache, dass ich einigen Armen geholfen habe, noch keinen effektiven Altruisten aus mir. Zwischen diesen beiden Extremen liegen viele verschiedene Positionen. Reinvestiere ich einen Teil der Gewinne, um mehr Menschen ein anständiges Einkommen zu verschaffen, führe selbst aber ein noch viel luxuriöseres Leben als meine Angestellten, dann bin ich knapp auf Seiten des effektiven Altruismus – ich führe zwar kein vollkommenes, aber immerhin ein minimal akzeptables ethisches Leben.

Wie steht es mit Spenden für das eigene College oder die eigene Universität? Sie lehren an der Princeton University, und dieses Buch beruht auf Vorträgen, die Sie an der Yale University gehalten haben und die durch die großzügige Unterstützung eines Yale-Absolventen ermöglicht wurden. Wollen Sie bestreiten, dass es effektiv altruistisch ist, solchen Institutionen Geld zu geben?
Ich schätze mich glücklich, an einer der weltbesten Universitäten unterrichten zu dürfen. Das gibt mir die Gelegenheit, hochintelligenten und fleißigen Studenten wie etwa Matt Wage etwas beizubringen, die voraussichtlich einen überproportionalen Einfluss auf die Welt nehmen werden. Aus dem gleichen Grund habe ich auch die Einladung, die Castle Lectures in Yale zu halten, mit Freuden angenommen. Princeton verfügt momentan allerdings über ein Stiftungsvermögen von 21 Milliarden Dollar, und das von Yale beträgt sogar 23,9 Milliarden. Augenblicklich spenden schon genug Ehemalige, um sicherzustellen, dass diese Universitäten auch weiterhin hervorragende Bildungseinrichtungen bleiben, und das Geld, das Sie einer von ihnen spenden könn-

ten, wäre an anderer Stelle wohl besser aufgehoben. Falls der effektive Altruismus jemals so beliebt wird, dass sich diese Hochschulen nicht mehr in der Lage sehen, Spitzenforschung zu betreiben, könnte eine Spende zu ihren Gunsten vielleicht wieder Sinn ergeben.[7]

7 Die Zahlen für Princeton und Yale stammen aus Daniel Johnson, »Updated: Princeton Endowment Rises 19.6 %, Now Valued at $ 21 Billion«, *Daily Princetonian*, 17.10.2014., ⟨http://dailyprincetonian.com/news/2014/10/⟩; und Michael MacDonald, »Harvard's 15.4 % Gain Trails as Mendillo Successor Sought«, *Bloomberg News*, 24.9.2014, ⟨http://www.bloomberg.com/news/articles/2014-09-23/harvard-has-15-4-investment-gain-trailing-dartmouth-penn-1-⟩.

2. Eine Bewegung entsteht

Der effektive Altruismus ist ein Kind vieler Eltern. Ich darf mich dazu zählen, weil ich 1972 – als junger Dozent am University College in Oxford – einen Aufsatz mit dem Titel »Famine, Affluence, and Morality« verfasste. Darin argumentierte ich dafür, dass wir angesichts des gewaltigen Leids, das Hungersnöte und ähnliche Katastrophen hervorrufen, einen Großteil unseres Einkommens für die Katastrophenhilfe spenden sollten. Wie viel genau? Logisch betrachtet, so schlug ich vor, so viel, bis wir den Punkt des Grenznutzens erreichen – den Punkt also, an dem sich der eigene Verlust und der Gewinn für den Spendenempfänger die Waage halten. In den über 40 Jahren, die seitdem vergangen sind, wurde der Text immer wieder abgedruckt, und Lehrende auf der ganzen Welt nutzen ihn, um die moralische Selbstzufriedenheit ihrer Studenten zu erschüttern.[1]

Hier ist der Haken: Obwohl ich behauptete, dass wir so handeln sollten, hielt ich mich selbst nicht daran. Als ich den Aufsatz schrieb, spendeten meine Frau und ich etwa 10 % unseres bescheidenen Einkommens (sie arbeitete als Lehrerin und verdiente etwas mehr als ich). Im Lauf der Zeit wurde es stetig mehr; heute geben wir etwa ein Drittel unserer Einkünfte und haben vor, auf die Hälfte zu kommen. Aber damit sind wir immer noch nicht einmal in der Nähe des Grenznutzens. Es war unter anderem deshalb psychologisch so schwierig, noch höher zu gehen, weil wir viele Jahre

1 Der Aufsatz ist mittlerweile als Buch wiederabgedruckt (Oxford: Oxford University Press, 2016). Auf Deutsch findet er sich als »Hunger, Wohlstand und Moral« in Barbara Bleisch, Peter Schaber (Hg.), *Weltarmut und Ethik* (Münster: Mentis, 2007).

lang prozentual mehr spendeten als alle, die wir kannten – nicht einmal die Superreichen schienen einen größeren Anteil ihres Vermögens herauszurücken.

Im Jahr 2004 jedoch veröffentlichte der *New Yorker* ein Porträt von Zell Kravinsky, der fast sein gesamtes Immobilienvermögen von 45 Millionen Dollar für wohltätige Zwecke gestiftet hatte. Für Frau und Kinder legte er zwar etwas Geld in Treuhandfonds an, aber Letztere besuchten öffentliche Schulen, und er und seine Familie lebten von etwa 60 000 Dollar jährlich. Da er noch mehr tun wollte, vereinbarte Kravinsky mit einem nahe gelegenen Krankenhaus eine Operation, um auch noch eine seiner Nieren herzugeben. Der Artikel im *New Yorker* stellte zwischen meinem damals 32 Jahre alten Aufsatz und Kravinskys Lebensweise eine Verbindung her und zitierte ihn mit den Worten: »Es scheint mir auf der Hand zu liegen, dass ich mein ganzes Geld und all meine Zeit und Energie für einen guten Zweck einsetzen sollte.«[2]

Zu dieser Zeit lehrte ich bereits in Princeton, und Kravinsky lebte ganz in der Nähe. Daher lud ich ihn ein, in einem meiner Seminare einen Vortrag zu halten, was er seitdem regelmäßig tut. Zell ist eine beeindruckende Persönlichkeit: Er hat einen Doktortitel in Bildungswissenschaften und einen weiteren über John Miltons Dichtung erworben, außerdem lehrte er an der University of Pennsylvania, bevor er ins Immobiliengeschäft einstieg, daher fühlt er sich im universitären Umfeld heimisch. Trotz seines Faibles für Poesie fasst Zell seinen Altruismus allerdings in mathematische Begriffe. Er zitiert wissenschaftliche Studien, die belegen, dass das Risiko, an einer Nierenspende zu sterben, nur bei 1 zu 4000 liegt. Nicht zu spenden hätte bedeutet, sein Leben 4000-mal höher zu schätzen als dasjenige eines Fremden –

2 Ian Parker, »The Gift«, *New Yorker*, 2.8.2004.

für ihn eine nicht zu rechtfertigende Vorstellung. Ian Parker, dem Autor des Profils im *New Yorker*, vertraute er sogar an, dass viele Menschen seinen Wunsch, eine Niere zu spenden, nicht verstehen, weil »sie keine Ahnung von Mathe haben«.

Ungefähr zur gleichen Zeit hörte ich von Abhijit Banerjee und Esther Duflo, Wirtschaftswissenschaftlern am Massachusetts Institute of Technology (MIT). Die beiden hatten dort das Poverty Action Lab gegründet, um »soziale Experimente« durchzuführen – empirische Forschungen, die zeigen sollten, welche Maßnahmen zur Armutsbekämpfung funktionieren und welche nicht. Ohne entsprechende empirische Informationen agieren wir Duflo zufolge nämlich wie die Ärzte im Mittelalter, die Krankheiten durch das Ansetzen von Blutegeln bekämpften.[3] Banerjee und Duflo waren die Ersten, die randomisierte kontrollierte Studien – das Nonplusultra in der Pharmaindustrie – einsetzten, um bestimmte Hilfsprojekte zu testen. Bis zum Jahr 2010 führten mit dem Poverty Action Lab (mittlerweile bekannt als Abdul Latif Jameel Poverty Action Lab oder J-PAL) assoziierte Forscher 240 Experimente in 40 Ländern durch. Dean Karlan, ehemals Schüler von Banerjee und Duflo und nun selbst Professor für Ökonomie an der Yale University, gründete Innovations for Poverty Action, um die Lücke zwischen akademischer Forschung und konkreter Entwicklungshilfe zu schließen. Diese gemeinnützige Organisation hat heute 900 Mitarbeiter sowie ein Budget von 25 Millionen Dollar, und die Idee randomisierter Studien ist eindeutig auf dem Vormarsch.

Im Jahr 2006 waren Holden Karnofsky und Elie Hassenfeld beide Mitte zwanzig, arbeiteten für einen Hedgefonds in Connecticut und verdienten weit mehr, als sie auszugeben

3 Esther Duflo, »Social Experiments to Fight Poverty«, *TED Talk*, Februar 2010, ⟨http://www.ted.com/talks/esther_duflo_social_experiments_to_fight_poverty⟩.

bereit waren. Sie sprachen mit Kollegen darüber, große Teile ihres Einkommens zu spenden – aber wem? (Das Poverty Action Lab wie auch Innovations for Poverty Action bewerten spezifische Maßnahmen – etwa die Verteilung von Moskitonetzen, die Menschen vor der Malaria schützen sollen –, nicht aber die Organisationen selbst, die oft verschiedene Hilfsmaßnahmen gleichzeitig durchführen.) Karnofsky, Hassenfeld und ihre Kollegen waren es gewohnt, große Datenmengen zu analysieren, um aussichtsreiche Investitionsmöglichkeiten ausfindig zu machen. Sie erkundigten sich bei mehreren Hilfswerken, was eine Spende dort bewirken würde – und erhielten jede Menge Hochglanzbroschüren mit Bildern lächelnder Kinder, aber keine Daten, aus denen hervorging, was die jeweilige Organisation zu welchem Preis bewerkstelligte. Es brachte auch nichts, dort anzurufen und nachzufragen – einmal wurde ihnen gar erklärt, die gewünschten Informationen seien vertraulich. Karnofsky und Hassenfeld wurde klar, dass hier ein Vakuum nur darauf wartete, gefüllt zu werden. Mit finanzieller Unterstützung von Kollegen gründeten sie GiveWell, eine Einrichtung, die die Bewertung von Wohltätigkeitsorganisationen inzwischen auf ein ganz neues Niveau gehoben hat. Bald dämmerte ihnen, dass dies kein Nebenjob war, weswegen sie den Hedgefonds verließen – ein Schritt, der ihr Einkommen mehr als halbierte. Wenn genug Menschen den Empfehlungen auf der Webseite von GiveWell folgen – so ihre Annahme –, dann werden die Hilfsorganisationen erkennen, dass es in ihrem eigenen Interesse liegt, transparent zu arbeiten und ihre Wirksamkeit zu demonstrieren. Sie schätzen, dass aufgrund ihrer Empfehlungen im Jahr 2013 bereits 17 Millionen Dollar an die am besten bewerteten Organisationen gingen. Noch hat das keinen großen Einfluss auf die Spendenbranche insgesamt, doch der Betrag steigt von Jahr zu Jahr rasant. GiveWell war von entscheidender Bedeutung für das Aufkommen des effektiven Altruismus, und wenn Zweifler heute fragen, woher man denn wissen soll, dass eine Spende Menschen in Not wirklich hilft, gibt es eine gute Antwort: Bei den hier empfohlenen Organisationen kann man sicher sein, dass eine Spende Gutes bewirken und hochgradig kosteneffizient sein wird.[4]

Ungefähr zu der Zeit, als Karnofsky und Hassenfeld GiveWell auf die Beine stellten, studierte Toby Ord an der University of Oxford Philosophie. Im Grundstudium hatte der Australier zunächst in Melbourne Informatik und Mathematik belegt, diskutierte aber auch leidenschaftlich gern ethische und politische Fragen. Gab er seine Ansichten zum Thema »Armut« zum Besten, erwiderten seine Freunde: »Wenn du das glaubst, warum spendest du dann nicht einfach das meiste von deinem Geld den Hungernden in Afrika?« Sie fanden diese Schlussfolgerung absurd, aber Ord dachte: »Ja, warum eigentlich nicht, wenn mein Geld anderen so viel mehr bringt als mir selbst?«

Aufgrund seines wachsenden Interesses an ethischen Fragen nahm er mit Erfolg noch ein Philosophiestudium auf. Toby bekam ein Promotionsstipendium in Oxford, wo er seine Doktorarbeit darüber schrieb, auf welcher Grundlage man sich für eine Handlung entscheiden sollte. Sein Interesse an praktischer Ethik blieb jedoch bestehen, und nachdem er meinen Aufsatz »Hunger, Wohlstand und Moral« gelesen hatte, begann er ernsthaft darüber nachzudenken, was er für Menschen in extremer Armut tun könnte. Zu jener Zeit lebte er ganz gut von seinem Stipendium in Höhe von 14000 Pfund pro Jahr – womit er, wie ihm nicht entging, zu den reichsten 4 % der Menschen auf der Welt gehörte, selbst wenn man berücksichtigt, wie viel mehr das gleiche Geld

4 Mehr zu GiveWell und den Bewertungsmethoden in Kapitel 14. Zu GiveWells Einfluss auf die Spendenvergabe siehe ⟨http://www.givewell.org/about⟩.

in den Entwicklungsländern wert ist.[5] Nach seinem Abschluss würde es noch mehr sein, also berechnete er, wie viel ihm ein durchschnittliches akademisches Salär nach Abzug der Lebenshaltungskosten während seiner ganzen Laufbahn zu spenden erlauben würde. Er kam auf ein Gehalt von insgesamt 1,5 Millionen Pfund (bzw. 2,5 Millionen Dollar auf dem Stand von 2005) und eine mögliche Spende von zwei Dritteln dieses Betrags, also 1 Million Pfund (1,7 Millionen Dollar). Was würden die effektivsten Hilfsorganisationen mit dieser Summe anfangen können? Seiner Schätzung nach konnte er leicht genug geben, um beispielsweise 80 000 blinde Menschen zu kurieren oder aber Menschen insgesamt rund 50 000 Jahre bei guter Gesundheit zu schenken.[6] Damit ließe sich also umgerechnet beispielsweise das Leben von 1000 Kindern retten, die alle noch 50 Jahre bei guter Gesundheit verbrächten, oder 5000 Menschen 10 zusätzliche gesunde Jahre ermöglichen. Im Vergleich dazu nahmen sich die Abstriche an seinem Lebensstil so gering aus, dass Toby beschloss, sich mit 20 000 Pfund jährlich zu begnügen (inflationsbereinigt und etwa 34 000 Dollar entsprechend) und alles Übrige zu spenden. Später ging er noch auf 18 000 Pfund (30 600 Dollar) herunter, da er auch davon bequem leben und sich sogar noch einen Urlaub in Frankreich oder Italien leisten konnte.[7] Seine Frau, die Ärztin Bernadette Young, zog die Grenze bei 25 000 Pfund (42 600 Dollar).

5 Tom Geoghegen, »Why I'm Giving £ 1m to Charity«, *BBC News Magazine*, 13. 12. 2010., ⟨http://www.bbc.co.uk/news/magazine-11 950 843⟩; E-Mail von Toby Ord an den Autor, Juli 2014.

6 Die Zahl von 50 000 Jahren gesunden Lebens stammt von ⟨http://www.givingwhatwecan.org/about-us/history/profile-of-founder⟩ (20. 2. 2014.). Bei anderen Gelegenheiten hat Ord die Zahl für die Heilung der Blinden zitiert.

7 Geoghegen, »Why I'm Giving £ 1m to Charity«; E-Mail von Toby Ord an den Autor, Juli 2014. Aufgrund der Inflation waren aus den 18 000 Pfund bis zum Jahr 2014 wieder fast 20 000 Pfund geworden.

Toby wollte sein Wissen darüber, wie einfach es ist, dermaßen viel Gutes zu bewirken, gerne teilen. Im Jahr 2009 gründete er daher mit einem anderen Philosophiestudenten, Will MacAskill, die internationale Gesellschaft Giving What We Can, die sich der Beseitigung der Armut in den Entwicklungsländern verschrieben hat. Ihre Mitglieder verpflichten sich, mindestens 10 % ihres Einkommens für diejenige Sache aufzuwenden, von der sie sich den größten Nutzen versprechen. Während ich dies schreibe, haben 644 Personen ein solches Versprechen abgegeben, und wenn sie es halten, dann werden den aktuellen Schätzungen von Giving What We Can zufolge 309 Millionen Dollar an die entsprechenden Wohltätigkeitseinrichtungen fließen.[8]

Neben seiner Arbeit für Giving What We Can hatte MacAskill die Idee für eine weitere Organisation. Studenten und andere junge Menschen bekommen zwar reichlich Berufsberatung, doch dabei geht es überhaupt nicht um diejenige Frage, die ein effektiver Altruist stellen würde: Welche Karriere erlaubt es mir, in meinem Leben möglichst viel Gutes zu tun? 2011 gründete MacAskill daher zusammen mit fünf Freunden 80 000 Hours, benannt nach der Anzahl der Arbeitsstunden, die Menschen in ihrem Berufsleben ungefähr ableisten. 80 000 Hours erforscht, welche Karrieren am vielversprechendsten sind, bietet eine kostenlose Berufsberatung an und baut eine globale Gemeinschaft von Menschen auf, die die Welt zum Besseren verändern möchten.[9] (Neugierig geworden, welche Berufe 80 000 Hours empfiehlt? Gedulden Sie sich bis zu den Kapiteln 4 und 5.)

Der Begriff »effektiver Altruismus« wurde geboren, als Giving What We Can und 80 000 Hours beschlossen, sich zusammen um den Status der Gemeinnützigkeit zu bewerben. Dazu gründeten sie eine Dachorganisation, die nun

8 ⟨http://www.givingwhatwecan.org⟩ (25.10.2014.).
9 ⟨https://80 000hours.org/about/⟩.

noch einen Namen brauchte. Aus einer Abstimmung unter mehreren Vorschlägen, darunter »High Impact Alliance« und »Evidence-based Charity Association«, ging »Centre for Effective Altruism« als klarer Sieger hervor. Der Begriff »effektiver Altruismus« machte Schule und stand bald für die gesamte Bewegung.[10]

Während all dieser Entwicklungen fuhr ich fort, über unsere Verpflichtungen gegenüber Menschen in Not zu schreiben. 1999 und 2006 veröffentlichte ich zwei Essays im *New York Times Sunday Magazine*; die Reaktionen auf den zweiten Artikel waren so positiv, dass ich ihn zu dem Buch *The Life you Can Save* ausarbeitete, das 2009 erschien [dt.: *Leben retten. Wie sich die Armut abschaffen lässt – und warum wir es nicht tun*, 2010]. Im Schlusskapitel schlug ich – analog zu einem progressiven Steuersatz – einen progressiven Spendensatz vor, der zusammen mit dem Einkommen ansteigt. Im Vergleich zu den pauschalen 10 %, die Giving What We Can verlangt, sollten Normalverdiener hier weniger, Großverdiener jedoch mehr geben. Die polnische Forscherin Agata Sagan, die diese Idee unterstützt, richtete eine Internetseite ein, auf der jeder sich online dazu verpflichten kann, den entsprechenden Betrag zu spenden, was bis heute bereits mehr als 17 000 Menschen getan haben. Aus der Seite wurde nach und nach eine eigene Organisation, die so richtig in Schwung kam, als ich eine E-Mail von Charlie Bresler erhielt. Charlie und seine Frau Diana Schott stehen exemplarisch für Menschen, die auf das Alter zugehen, in dem man üblicherweise aus dem Erwerbsleben ausscheidet. Nun überlegen sie, was sie mit den 10, 20 oder sogar 30 Jahren anfangen sollen, die ihnen bleiben. In den 1960er Jahren hatten sich beide als Studenten gegen den Vietnamkrieg und für ei-

---

10 William MacAskill, »The History of the Term ›Effective Altruism‹«, 10.3.2014, ⟨http://www.effective-altruism.com/ea/5w/the_history_ of_the_term_effective_altruism/⟩.

ne Transformation des politischen Lebens in den USA engagiert. Als sich dann herausstellte, dass das System nicht so leicht zu reformieren war, wie sie gehofft hatten, wurde Diana Ärztin, während Charlie in Psychologie promovierte. Nachdem er einige Zeit als Professor tätig war, »stolperte er« – so seine Worte – über den Job als Präsident von Men's Wearhouse, einer landesweiten Textilkette. Das erhöhte zwar sein Einkommen, doch Diana und er verloren nie die Idee aus den Augen, nach ihrem Familien- und Erwerbsleben noch zu versuchen, die Welt zu verbessern. Schließlich las Charlie *Leben retten* und entschied, dass die Hilfe für Menschen in Armut seine Zeit und Energie wert ist. Heute ist er ehrenamtlicher Geschäftsführer von The Life You Can Save. Im Jahr 2013 war die Organisation erstmals voll in Betrieb und führte nach eigenen, konservativen Schätzungen mit einem Budget von 147 000 Dollar hocheffektiven Wohltätigkeitsorganisationen 594 000 Dollar zu, was einer »Rendite« von mehr als 400 % entspricht.[11]

11 ⟨http://www.thelifeyoucansave.org/About-Us/Impact-Report⟩.

II. Wie man so viel Gutes wie möglich tut

3. Bescheiden leben, um mehr zu geben

Toby Ords Rechnung, wie viel Gutes er im Laufe seines Lebens tun kann, zeigt, dass sich ungeheuer viel bewirken lässt, auch wenn man nicht besonders viel verdient. Julia Wise ist eine effektive Altruistin, die es geschafft hat, trotz eines wirklich bescheidenen Einkommens erstaunlich große Summen an effektive Wohltätigkeitsorganisationen zu spenden. Auf ihrem Blog Giving Gladly kann man erfahren, wie sie das macht. Julia zitiert dort erst einen Freund mit den Worten: »Es klingt ganz schön trostlos, von Reis und Bohnen zu leben und nie ins Kino zu gehen«, um anschließend zu erklären, dass ihr Alltag ganz anders aussieht.[1]

Julia und ihr Lebensgefährte Jeff Kaufman lernten sich auf dem College kennen. Da sie wenig Platz oder Geld hatten, vergnügten sie sich meist damit, Zeit mit Freunden zu verbringen. Vor ihrer Hochzeit im Jahr 2009 sprachen sie über die Zukunft und vereinbarten, weiterhin bescheiden zu leben, um auch von ihren geringen Einkünften etwas abgeben zu können; mit steigendem Einkommen würden sie dann auch mehr spenden. Julia ist Sozialarbeiterin, Jeff Programmierer. 2008 betrug ihr Gesamteinkommen weniger als 40 000 Dollar, aber seitdem hat sich Jeffs Gehalt stark erhöht, sodass sie von August 2013 bis Juli 2014 zusammen 261 416 Dollar verdienten. Von 2008 bis 2014 spendeten die beiden mindestens ein Drittel und mit steigenden Einkünften schließlich die Hälfte ihres Einkommens (mit einer Ausnahme, als Julia Geld ansparte, um ihre Studiengebühren bezahlen zu können). Ein von Julia erstelltes Diagramm zeigt,

---

1 Julia Wise, »It Doesn't Have to Be Hard«, 11.3.2013, ⟨http://www.gi
vinggladly.com/2013/03/it-doesnt-have-to-be-hard.html⟩.

was sie mit ihrem Geld im oben genannten Zeitraum anfingen (siehe Abb. 1).

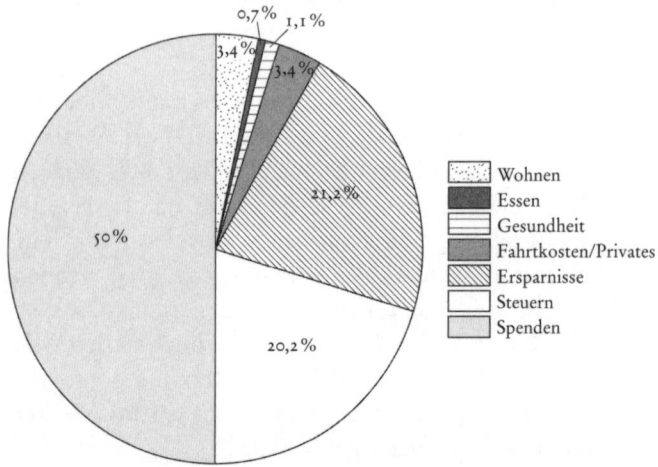

Abb. 1: Das Budget von Julia Wise und Jeff Kaufman,
August 2013 bis Juli 2014.

Julia und Jeff sparten Geld, indem sie öffentliche Verkehrsmittel benutzten, anstatt sich ein Auto zu leisten. Ihre Wohnkosten sind niedrig, da sie einen Teil eines Hauses gemietet haben – allerdings dürften diese Kosten steigen, wenn sie sich ein eigenes kaufen. Obwohl sie darauf genauso sparen wie für ihren Ruhestand und die Ausgaben für ihr zukünftiges Kind, konnten sie in der Vergangenheit die Hälfte ihres Einkommens spenden und wollen das auch weiterhin tun.[2]

Julia ist klar, dass sie von Jeffs überdurchschnittlichem Einkommen profitiert, aber sie weiß auch noch, wie es ist, von nicht viel mehr als dem typischen US-amerikanischen

2 Julia Wise versorgte den Autor im Juli 2014 mit den Budgetdaten und
damit zusammenhängenden Informationen.

Einkommen zu leben. Daher hat sie eine hypothetische Aufstellung der Ausgaben angefertigt, die sie hätte, falls sie von ihren eigenen Einkünften leben müsste – 35 000 Dollar, in etwa das mittlere US-Einkommen (siehe Abb. 2).

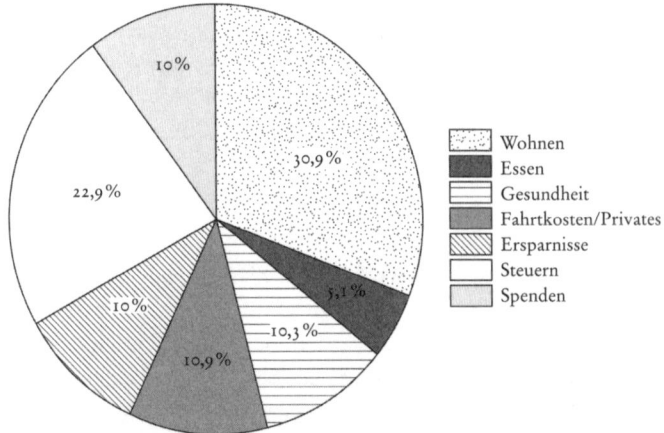

Abb. 2: Das Budget einer Einzelperson, die im Großraum Boston von 35 000 Dollar jährlich lebt.

Hier ist die Kostenaufstellung, die Julia für realistisch hält:

- 900 Dollar Miete und 100 Dollar Nebenkosten pro Monat (genug für ein Zimmer oder eine mit Freunden gemietete Wohnung im Großraum Boston)
- 150 Dollar pro Monat für Lebensmittel (mehr, als Julia ausgibt)
- 300 Dollar pro Monat für die Krankenversicherung und andere medizinische Kosten
- 70 Dollar für eine Monatskarte des öffentlichen Nahverkehrs

- 250 Dollar monatlich für persönliche Ausgaben (Telefon, Kleidung, Freizeit etc.)
- Sparen: 10% des Einkommens
- Spenden: 10% des Einkommens

Ein durchschnittliches Einkommen genügt also, um 10% effektiv zu spenden, 10% zu sparen und vom Rest immer noch angenehm leben zu können.

Wie viel ist genug?

Schon als kleines Kind wurde Julia klar, dass es Leute gibt, die im Unterschied zu ihr nicht genug zum Leben haben. Seither kommt ihr jeder ausgegebene Dollar wie einer vor, den sie jemandem wegnimmt, der ihn dringender braucht. Sie fragt nicht danach, wie viel sie spenden, sondern vielmehr, wie viel sie für sich behalten soll.

Julia ist nicht katholisch, aber ihre frühen Einsichten ähneln den Gedanken von Ambrosius, einem Erzbischof von Mailand im 4. Jahrhundert, der später heiliggesprochen und als einer der vier ursprünglichen Kirchenlehrer der römischen Kirche bekannt wurde. Ihm zufolge gibt man dem Armen »nur zurück, was ihm gehört. Denn du hast dir herausgenommen, was zu gemeinsamer Nutzung gegeben ist.«[3] Diese Ansicht wurde Teil der christlichen Tradition; Thomas von Aquin ging gar so weit zu sagen: »Genau genommen ist es kein Diebstahl, wenn einer in großer Not vom Eigentum eines anderen heimlich nimmt, denn das, was er zum eigenen Lebenserhalt nimmt, wird kraft seiner Not sein Eigen.«[4] Überraschenderweise hat die katholische Kirche diese radikale Ansicht nie verworfen und sie sogar mehrfach bekräf-

3 Paul VI., *Populorum Progressio* (1967), § 23.
4 Thomas von Aquin, *Summa Theologica*, II-II, q.66, a.7.

tigt. Papst Paul VI. zitierte Ambrosius' Worte und fügte in seinem *Populorum Progressio* hinzu: »Es sei noch einmal wiederholt: Der Überfluss der reichen Länder muss den ärmeren zustattenkommen. Die Regel, die einmal zugunsten der nächsten Angehörigen galt, muss heute auf die Gesamtheit der Weltnöte angewandt werden.« Am 20. Jahrestag des *Populorum Progressio* übernahm Papst Johannes Paul II. die Passage in seine Enzyklika *Sollicitudo rei socialis*, und auch Papst Franziskus hat Unterstützung signalisiert.[5] Das Problem ist, dass diesen Worten keine Taten folgen, solange die Kirche sich nicht mit ihrer vollen moralischen Autorität dahinterstellt. Päpste, Bischöfe und Priester sind schnell bei der Hand, um vermeintliche Sünden wie die Verwendung von Verhütungsmitteln, homosexuelle Handlungen oder Abtreibungen zu verurteilen. Gilt es jedoch, das eklatante Versagen wohlhabender Katholiken anzuprangern, den Armen das zu geben, was ihnen der Kirche nach zusteht, dann herrscht Schweigen.

Die Einstellung der Kirche den Armen gegenüber steht im Einklang mit der aus den Evangelien bekannten Antwort Jesu an den Reichen, der sich seit seiner Kindheit an alle Gebote gehalten hatte und nun wissen wollte, was er sonst noch tun solle, um in den Himmel zu kommen. »Eines fehlt dir«, soll Jesus erwidert haben. »Gehe hin, verkaufe alles, was du hast, und gib's den Armen.«[6] Aaron Moore, ein international tätiger Entwicklungshelfer und Künstler aus Australien, ist einer der relativ wenigen Christen, die sich diese Worte tatsächlich zu Herzen nahmen. Auf seiner Webseite bringt er sie mit einer Aussage von mir in Verbindung: »Können

---

5 Papst Franziskus, *Brüderlichkeit, Fundament und Weg des Friedens*, abrufbar unter ⟨https://w2.vatican.va/content/francesco/de/messages/peace/documents/papa-francesco_20131208_messaggio-xlvii-giornata-mondiale-pace-2014.html⟩.

6 Markus, 10:21. Zu anderen Stellen in den Evangelien, die die Bedeutung von Almosen betonen, siehe Lukas 10:33, 14:13 und Matthäus 25:31-46.

wir etwas Schlechtes verhüten, ohne irgendetwas von vergleichbarer moralischer Bedeutsamkeit zu opfern, so sollten wir es tun.«[7] Nach australischen Maßstäben war Aaron nicht wohlhabend – er besaß weder Haus noch Auto –, aber als er auf ⟨www.globalrichlist.com⟩ sein Einkommen eingab, erfuhr er, dass er im weltweiten Vergleich zu den reichsten 1 % gehörte. Daher entschloss sich der 34-Jährige, seine größeren Besitztümer – Motorrad, Laptop, Handy, Surfbrett, Neoprenanzug und einige Gemälde – komplett zu versteigern, Mindestgebot: 1 Cent. Alles ging weg. Der Großteil seiner übrigen Habe wurde in einer Galerie in Sydney ausgestellt, die Aarons Zuhause nachempfunden war. Dinge, die er für unverkäuflich hielt, gebrauchte Unterwäsche etwa oder die Fußballtrophäen seiner Kindheit, spendete er der Heilsarmee. Den Erlös der Versteigerung und all sein angespartes Geld gab Aaron den Armen; er verließ die Galerie mit nichts als den Kleidern am Leib. Er wollte herausfinden, was es heißt, die Worte Jesu in die Tat umzusetzen, und er hoffte, so auch eine Diskussion über die Verantwortung der Wohlhabenden gegenüber den Ärmsten der Welt in Gang zu setzen. Ist es in Ordnung, so seine Frage, dass wir ins Kino gehen und Chai Latte trinken, während 1,4 Milliarden Menschen in extremer Armut leben?[8]

Aarons Tat war einerseits ein symbolisches Statement und andererseits das Experiment, sein Leben an den Worten

7 Siehe ⟨www.aaronmoore.com.au⟩. Die Aussage stammt aus Peter Singer, *Praktische Ethik* (Stuttgart: Reclam, [3]2013), S. 356. Eine ähnliche Behauptung findet sich in meinem Aufsatz »Hunger, Wohlstand und Moral«.

8 Kaley Payne, »Christian Artist Sells All He Has and Gives to the Poor«, *Eternity Newspaper*, 4.12.2012, ⟨http://www.biblesociety.org.au/news/christian-artist-sells-all-he-owns-and-gives-to-the-poor⟩; Aaron Moore, »Reflections of a Man Who Sold Everything He Had and Gave It to the Poor«, *Eternity Newspaper*, 01.07.2013, ⟨http://www.biblesociety.org.au/news/reflections-of-a-man-who-sold-everything-and-gave-it-to-the-poor⟩.

Jesu auszurichten. Er wollte weder ein Vorbild für andere sein noch ewig so leben. Heute besitzt er wieder einige wenige Dinge und spendet jeden Monat einen Teil seines Gehalts. Das klingt nun weniger nach Jesus und mehr nach effektivem Altruismus, denn wenn man den Armen *alles* gibt, wird man es schwer haben, weiter Geld zu verdienen und dadurch noch mehr davon spenden zu können. Um Arbeit zu finden, muss man sich entsprechend kleiden, und heutzutage braucht man wohl auch noch Laptop und Smartphone. Es hängt von den eigenen Umständen und Fähigkeiten ab, auf welche Weise man möglichst viel geben kann, aber es ist vermutlich kontraproduktiv, ganz ohne ein gewisses Maß an Komfort auskommen zu wollen.

Kinder haben

In jüngeren Jahren war Julia Wise der felsenfesten Überzeugung, dass ihre Entscheidung, zu spenden oder nicht zu spenden, eine Frage von Leben und Tod war. Sie beschloss, aus moralischen Gründen keine Kinder zu bekommen, da diese zu viel Zeit und Geld in Anspruch nehmen würden. Ihr Vater reagierte mit den Worten, »Es klingt nicht so, als ob dieser Lebensstil dich glücklich machen wird«, worauf sie erwiderte: »Darum geht es nicht.« Als sie später mit Jeff zusammen war, erkannte sie jedoch, dass ihr Vater Recht gehabt hatte: Ihre Entscheidung gegen ein Kind machte Julia äußerst unglücklich. Nach einigem Überlegen kamen sie und Jeff zu dem Schluss, ein Kind großziehen und gleichzeitig noch genug spenden zu können. Julia freute sich nun darauf, Mutter zu werden, und blickte wieder optimistisch in die Zukunft. Sie glaubt, dass sie der Welt so mehr nützt als eine »am Boden zerstörte Altruistin«.

Jeder hat seine Grenzen. Falls Sie etwas tun, das Sie verbittert, sollten Sie es sich noch einmal überlegen. Können Sie der Sache positivere Seiten abgewinnen? Und wenn nicht, ist es dann alles in allem wirklich das Beste? George Fox, Gründer der (auch als Quäker bekannten) Religiösen Gesellschaft der Freunde, forderte seine Anhänger dazu auf, anderen ein Beispiel zu geben und »fröhlich über die Welt zu wandeln«. Julia nimmt diesen Gedanken auf: »Wir brauchen keine Menschen, die so lange Opfer bringen, bis sie sich ausgelaugt und elend fühlen. Wir brauchen Menschen, die fröhlich über die Welt wandeln können oder es zumindest von ganzem Herzen versuchen.«[9] Da es immer noch relativ wenige effektive Altruisten gibt, sollten diese ein echtes Vorbild für andere sein. Als Julia mit meiner Klasse in Princeton diskutierte, war sie das Musterbeispiel einer Person, die ihr Leben genießt.[10] Die Chance, Hunderte von Menschenleben zu retten und viele weitere zu bessern, nannte sie »eine einmalige Gelegenheit«,[11] und einem meiner Studenten erklärte sie, dass sie Menschen, die viel für sich selbst und nichts für andere ausgeben, nicht als unmoralisch kritisiert, weil »man Leute nicht durch Standpauken ändert«.

Julia gibt zu, gelegentlich Fehler zu machen. Beim Einkaufen fragte sie sich zum Beispiel immer wieder, »Brauche ich dieses Eis so dringend, wie eine Frau irgendwo anders auf der Welt eine Impfung für ihr Kind benötigt?«, was sie auf Dauer in den Wahnsinn trieb. Schließlich entschieden sie und Jeff im Voraus, wie viel sie in den nächsten sechs Monaten spenden würden, um den Rest zur freien Verfügung zu haben. Jetzt spart Julia nicht mehr am Eis, denn – wie sie

9 ⟨http://www.givinggladly.com/2013/06/cheerfully.html⟩.
10 Die Zitate sind Bemerkungen entnommen, die Julia bei ihrem Besuch an der Princeton University am 4. 11. 2013 gemacht hat. Dieser wurde aufgezeichnet und ist Teil des Kurses »Praktische Ethik«, der von Coursera im Jahr 2014 angeboten wurde.
11 ⟨http://boldergiving.org/stories.php?story=Julia-Wise-and-Jeff-Kaufman_97⟩.

meiner Klasse verriet – »Eis ist für mein Wohlbefinden wirklich wichtig«.

Es war ebenfalls ein Fehler, ihrer Familie zu verbieten, ihr Weihnachtsgeschenke zu kaufen und zu drohen, diese andernfalls zu verkaufen, was insbesondere ihrer Großmutter sehr zu schaffen machte. Mittlerweile ist Julia nicht mehr so hart zu sich und anderen. Anfangs waren ihre finanziell recht konservativen Eltern besorgt darüber, wie viel Julia und Jeff herschenkten, aber sobald sie sahen, dass die beiden nicht wie befürchtet »auf der Straße leben« mussten, arrangierten sie sich mit der Situation.

Julia glaubt, dass sowohl für Jeff als auch für sie selbst starke soziale Bindungen zu Familie und Freunden eine der wichtigsten Quellen des Glücks darstellen. (Kein Wunder: Die meisten Glücksstudien kommen zu demselben Ergebnis.) Die beiden geben sich auch noch anderen Vergnügungen hin, die wenig oder nichts kosten: »Kochen, Spazierengehen, Brettspiele und Musizieren mit der Familie und mit Freunden.« Sie begannen, eine Diskussionsrunde zum Thema »effektiver Altruismus« zu leiten, und die Gründung einer Gemeinschaft von effektiven Altruisten in der Gegend von Boston hat ihnen einen neuen Grund zur Freude beschert: Gleichgesinnte zu treffen und mit ihnen weiterhin die Art von tiefen und anregenden Gesprächen zu führen, die viele von uns nur aus der Studienzeit kennen.[12]

Das gemeinsame Ziel, möglichst viel zu spenden, hielt Julia und Jeff nicht von dem tiefempfundenen Wunsch ab, Eltern zu werden. Toby Ords Partnerin Bernadette beschreibt ihre Entscheidung ganz ähnlich:

Ich spende mit Vergnügen für den Rest meines Lebens 50 % meines Einkommens, aber wenn ich mich gegen ein Kind

12 ⟨http://www.givinggladly.com/2013/11/but-what-will-my-friends-think.html⟩.

entscheide, nur um diesen Betrag auf 55 % zu erhöhen, dann würden mich diese letzten 5 % mehr kosten als der ganze Rest. [...] Ich habe mich dafür entschieden, einem starken psychologischen Bedürfnis nachzugeben und für ein Leben zu planen, das ich mir langfristig vorstellen kann.

Die Situation von Julia oder Bernadette ist nicht ungewöhnlich: Viele Frauen quält es, wenn sie – aus welchen Gründen auch immer – kein Kind bekommen können.[13] Die Kindererziehung nimmt zweifellos Geld und Zeit in Anspruch, aber demgegenüber weist Bernadette darauf hin, effektive Altruisten dürften vernünftigerweise darauf hoffen, dass die Welt von ihren Kindern auch profitiert. Sowohl kognitive Fähigkeiten als auch Eigenschaften wie etwa Empathie sind zu einem Gutteil erblich, und wir können auch erwarten, dass Kinder durch diejenigen Werte beeinflusst werden, die ihre Eltern haben und im Alltag vertreten. Obwohl es keine Garantie dafür gibt, dass die Kinder effektiver Altruisten im Lauf ihres Lebens mehr Gutes als Schlechtes tun werden, stehen die Chancen dafür doch gut – und dies hilft dabei, die Kosten wettzumachen, die ihr Großziehen verursacht. Oder anders gesagt: Wenn all jene, die so viel Gutes wie möglich tun wollen, keine Kinder bekommen, während alle anderen das weiterhin tun, können wir dann wirklich erwarten, dass die Erde in einigen Generationen besser dasteht?

Kurz vor der Geburt ihrer Tochter spekulierte Julia darüber, wie die Mutterschaft sie verändern würde. Einige ihrer Freunde glaubten, sie würde dann nicht mehr so freigiebig sein. Julia antwortete ihnen, dass es ihrer Tochter an nichts mangeln wird, aber sie wies die Vorstellung zurück, nur für

13 Tara Cousineau, Alice Domar, »Psychological Impact of Infertility«, *Best Practice & Research Clinical Obstetrics & Gynaecology* 21 (2007), S. 293-308; für diesen Hinweis danke ich Bernadette Young.

ihr eigenes Kind Verantwortung zu tragen. Mutter zu sein, würde sie »der Anderen Frau« näherbringen – der Mutter, die darum kämpfen muss, ihrem Kind sauberes Wasser und genug Essen zu verschaffen. Diese Frau, das weiß sie, liebt ihr Kind genauso sehr wie sie das ihre.[14]

Noch mehr effektive Altruisten

Im Rest dieses Kapitels und im gesamten zweiten Teil dieses Buches stelle ich Ihnen einige weitere effektive Altruisten vor. Ich möchte zeigen, dass ganz verschiedene Menschen zu effektiven Altruisten werden – der in der Einleitung erwähnten Skepsis hinsichtlich der Möglichkeit des Altruismus zum Trotz. Darüber hinaus bilden diese kurzen Skizzen die Grundlage meiner Argumentation in den Kapiteln 7, 8 und 9, wo ich erkläre, was Anhänger des effektiven Altruismus antreibt und wie er ihr Leben verändert hat.

Rhema Hokama demonstriert, wie man mit einem äußerst bescheidenen Einkommen effektiv altruistisch handeln kann. Sie kam in ihren letzten Collegejahren mit dieser Idee in Berührung und nahm sich daraufhin vor, einen Teil ihres allerersten Gehalts zu spenden. Heute sitzt sie an ihrer Doktorarbeit in englischer Literatur in Harvard, und ihre Einkünfte aus Lehre, Forschungsstipendien und freiberuflichem Schreiben belaufen sich auf rund 27 000 Dollar im Jahr.
  Anfangs spendete Rhema 2 % ihres Einkommens; diesen Anteil hat sie Schritt für Schritt auf mittlerweile 5 % erhöht. Diese überweist sie monatlich auf ein separates Konto und spendet am Ende des Jahres dann den Gesamtbetrag.
  Aufgrund der hohen Mieten in Cambridge (Massachu-

14 ⟨http://www.givinggladly.com/2014/03/the-other-mother.html⟩.

setts), dem Standort der Harvard University, wohnt Rhema außerhalb der Stadt, aber in der Nähe ihrer Arbeitsstelle, sodass sie kein Auto braucht. Daher kann sie von ihrem Gehalt leben und zusätzlich noch etwas spenden. Sie geht zu Fuß, fährt Fahrrad oder nutzt die öffentlichen Verkehrsmittel, und anders als viele Kollegen bringt sie sich etwas von zu Hause mit, statt auswärts zu essen.

Alles in allem findet sie ihr Einkommen auch nach Abzug des Spendenbetrags völlig ausreichend. Sie versucht oft daran zu denken, dass es dem 16-Fachen des globalen Durchschnittseinkommens von 1680 Dollar pro Jahr entspricht und sie damit zu den reichsten 4,4 % der Menschheit gehört.[15] Anders gesagt: Von den ungefähr 7,2 Milliarden Menschen auf der Welt verdienen 6,9 Milliarden weniger als Rhema. In jedem Fall ist ihr jetziges Einkommen vergleichbar mit demjenigen ihrer Familie, als sie noch ein Kind war. Rhema wurde auf Hawaii in eine große Arbeiterfamilie hineingeboren, die aus Kindern und Enkeln von Arbeitern auf Ananas- und Zuckerrohrplantagen bestand. Ihre Verwandten arbeiten heute als Pagen, Sekretärinnen, Zeitungsausträger, Bauarbeiter, LKW-Fahrer, Gefreite in der US-Army, Call-Center-Mitarbeiter, Supermarktkassierer, Krankenschwestern oder bei McDonalds. Erst als Erwachsene begegnete Rhema Menschen, die mehr als 50 000 Dollar im Jahr verdienen. In Harvard kennt sie nur sehr wenige, deren Familien auf weniger als $ 100 000 pro Jahr kommen, und ihre Freunde und Kolleginnen können sich nicht wirklich vorstellen, ihre Ansprüche herunterzuschrauben. Eine von ihnen klagte, unterhalb der Armutsgrenze zu leben, dabei verdiente sie tatsächlich etwa so viel wie Rhema und damit fast dreimal so viel wie Menschen an der US-Armutsgrenze von 11 490 Dollar für eine Einzelperson.

15 Diese Zahl hat Rhema von Giving What We Can (⟨http://www.giv ingwhatwecan.org/why-give/how-rich-am-i⟩).

In der Vergangenheit hat Rhema bereits an Oxfam und die International Planned Parenthood Federation gespendet, 2014 gab sie ihr Geld dann erstmals der Fistula Foundation, die für etwa 450 Dollar eine obstetrische Fistel operativ entfernt. (Das ist ein Gewebeschaden, der dazu führt, dass bei jungen Frauen nach Geburtskomplikationen Stuhl und Urin durch die Vagina austreten, wodurch sie oft für den Rest ihres Lebens zu Außenseiterinnen werden.) Für Rhema ist Spenden »das Mindeste, was ich tun kann, um anderen Frauen die notwendige Behandlung von Leiden zu ermöglichen, die in der entwickelten Welt fast nicht vorkommen«. Oft beschleicht sie das Gefühl, »eigentlich nicht selbst« für ihre glückliche Situation verantwortlich zu sein. Das Spenden hilft ihr, die von solchen Gedanken verursachten Schuldgefühle zu lindern, weil sie so »ein klein wenig zur Schaffung einer Welt beiträgt, in der ich gerne leben würde«.[16]

Als Celso Vieira ein Kind war und in einer kleinen Stadt in Brasilien aufwuchs, teilte man seinen Eltern mit, er leide unter einer geistigen Behinderung, wahrscheinlich Autismus. Die Anzeichen waren und sind offensichtlich: Er spricht langsam und auf ungewöhnliche Art und Weise, und er kann anderen Menschen nicht in die Augen sehen. Anstatt ihn jedoch auf eine Sonderschule zu schicken, bestachen seine Eltern den Direktor einer normalen örtlichen Schule und brachten Celso dort unter. Zur Überraschung aller wurde er regelmäßig Klassenbester. Mittlerweile spricht er neun Sprachen und promoviert mit einer Arbeit über Platon in Philosophie. Nachdem er 2008 meine *Praktische Ethik* gelesen hatte, wurde er Veganer, begann, 10 % seines dürftigen Einkommens zu spenden, und hat vor, diesen Anteil auf 20 % zu erhöhen.

16 Rhema Hokama hat über ihr Spenden gebloggt, siehe ⟨http://www.thelifeyoucansave.org/Blog.aspx⟩. Weitere Zitate und Details stammen aus ihren E-Mails an den Autor, März-Juli 2014.

Zunächst gab er das Geld UNICEF und Oxfam, aber seit er mehr über Effektivität weiß, spendet er es anderen Wohltätigkeitsorganisationen, darunter Innovations for Poverty Action. Celso lebt sehr bescheiden – nicht nur, um mehr spenden zu können, sondern auch, um die Umwelt möglichst wenig zu belasten. Er hat ein Zimmer in einer Wohngemeinschaft, besitzt weder Fernseher noch Kühlschrank und ernährt sich von Getreide und frischem Gemüse. Bei seinem Umzug im Jahr 2014 besaß er eine Matratze, eine Gitarre, ein Skateboard, einen Computer, einen Stuhl, einen kleinen Tisch und einen Rucksack, der alle Kleidungsstücke enthielt, die er nicht gerade anhatte.

Celso sitzt an seiner Doktorarbeit, lernt neue Sprachen, spielt Gitarre, schreibt Kinderbücher, Kurzgeschichten sowie einen Roman und arbeitet an einer Übersetzung von Platons Dialog *Kratylos*, die jene Wortspiele bewahren soll, die die meisten Übersetzer für unübertragbar halten. Außerdem ist er effektiver Altruist. In seinem Wohnort Belo Horizonte gründete er den ersten brasilianischen Ableger von The Life You Can Save. Die Mitglieder der Gruppe ermutigen Menschen dazu, sich zum Spenden für effektive Wohltätigkeitsorganisationen zu verpflichten, organisieren Benefizveranstaltungen und entwickeln Strategien, um sich die Einhaltung ihrer Spendenversprechen zu erleichtern.

Celsos Beispiel zeigt, dass sich der effektive Altruismus mittlerweile über seine Ursprünge in Großbritannien und den Vereinigten Staaten hinaus verbreitet hat, und seine ungewöhnliche Persönlichkeit ermöglicht uns auch tiefere Einblicke in die Motive effektiver Altruisten, die ich im dritten Teil dieses Buches untersuche. Celso wird, wie er sagt, »eher von Argumenten als von Empathie bewegt«. Er ist durch reines Nachdenken darüber, wie man handeln sollte, beim effektiven Altruismus gelandet.

Priya Basil kam eher zufällig zum gleichen Ziel. Sie kennt sowohl arme als auch reiche Gesellschaften, da sie in Kenia aufwuchs – wenn auch in »einer Privilegien-Blase«, wie sie es nennt. Ihre Großeltern hatten es schwerer: Sie kamen zur Zeit der britischen Herrschaft aus Indien nach Kenia, um beim Bau der Bahnstrecken mitzuhelfen. Ihre Eltern wiederum zogen nach der Unabhängigkeit Kenias nach Großbritannien, wo sie ihre Ausbildung erhielten, kehrten aber kurz nach Priyas Geburt nach Kenia zurück. Trotz der dort herrschenden extremen Armut dachte diese lange Zeit nicht über die Ungleichheit nach, die sie ständig umgab. Erst als die Familie kurz vor Priyas Volljährigkeit plötzlich einen Großteil ihres Vermögens verlor, war sie gezwungen, der ungerechten Verteilung des Wohlstands ins Auge zu sehen. Die Familie ging erneut nach England, wo Priya Literaturwissenschaft studierte und schließlich einen Job in der Werbeindustrie bekam. Auch wenn ihr das Leid anderer nun bewusster geworden war, dachte sie immer noch nicht daran, es zu lindern. Das änderte sich erst, als sie sich in einen Mann verliebte, demzufolge wir alle die Pflicht haben, die Welt zu verbessern. Sie zog zu ihm nach Deutschland und begann, an ihrem Roman *Ishq and Mushq* zu arbeiten. Die erzwungene Sparsamkeit gab ihr ein Gefühl dafür, wie man mit weniger glücklich sein kann – vielleicht sogar glücklicher als zuvor. Beim Schreiben schöpfte Priya aus ihren Migrationserfahrungen und musste sich daher auch der Ignoranz ihrer Kinder- und Jugendtage stellen. In dieser Stimmung las sie dann *Leben retten* und gab auf der zugehörigen Webseite das Spendenversprechen ab. Ihr zweiter Roman, *Die Logik des Herzens*, thematisiert einige der Ideen, die sie zum Spenden veranlassten. Derzeit sitzt sie an einem dritten Buch, in dem es auch um Gedanken gehen wird, die mit dem effektiven Altruismus zu tun haben.

Vielleicht ist es Priya aufgrund ihrer eigenen Lebensgeschichte so bewusst, dass die Umstände und die Menschen um uns herum eine große Rolle dabei spielen, welche Verhaltensweisen und Werte wir annehmen. Sie gibt zu, sich automatisch erst einmal selbst am wichtigsten zu nehmen und ständig darauf achten zu müssen, dass dieser Impuls nicht jede andere Entscheidung außer Kraft setzt. Nimmt man noch ihre Anfälligkeit für die Versuchungen des Shoppings hinzu, hält sie ein moralischeres Leben in Deutschland für einfacher als in England, weil das deutsche Konsumverhalten noch keine britischen Ausmaße angenommen habe (sie hat noch nie in den USA gelebt!). Gleichzeitig glaubt sie, dass die »Nächstenliebe genau beobachtet, in Frage gestellt und gepflegt werden muss, damit sie nicht zu einer schalen und mechanischen Angelegenheit verkommt«. Sie spendet 5 % ihres Einkommens an effektive Hilfswerke, wobei sie aufgrund ihrer Wurzeln eine gewisse Vorliebe für Organisationen hat, die in Kenia tätig sind. Bei ihrem Einkommen erfüllt Priya damit bereits die Anforderungen von The Life You Can Save, doch sie arbeitet hart daran, auch die 10 % zu erreichen. Zusätzlich gründeten sie und ihr Partner eine Organisation namens Authors for Peace, und sie ist außerdem an anderen politischen Initiativen wie etwa Writers Against Mass Surveillance beteiligt. Obwohl Priya zugibt, dass die Wirksamkeit dieser Initiativen schwer einzuschätzen ist, glaubt sie doch, es erhöhe die Chancen, alle Gesellschaften zu bessern, wenn man mit irgendeiner anfängt.

Der effektive Altruismus kommt für Menschen verschiedenster Milieus in Frage, darunter auch für jene, die zwar in Wohlstandsgesellschaften leben, denen aber nicht mehr und manchmal sogar weniger als das dortige Durchschnittseinkommen zur Verfügung steht. Indem man beispielsweise 10 % seines Gehalts effektiv spendet, kann man Menschen,

die umgerechnet vielleicht nur 1 % oder 2 % des mittleren
US-Einkommens haben, das Leben oder das Augenlicht retten oder ihnen auf andere Weise eine große Hilfe sein.

4. Verdienen, um zu spenden

Obwohl auch ein Normalverdiener noch genug spenden kann, um reichlich Gutes zu tun, bleibt es doch eine Tatsache, dass man umso mehr geben kann, je mehr man verdient. Dieser Gedanke – den auch Matt Wage bei seiner Berufswahl beherzigt hat – muss vielen Menschen gekommen sein, noch bevor es eine Bewegung namens »effektiver Altruismus« gab. Im 18. Jahrhundert ermunterte John Wesley, der Gründer des Methodismus, seine Anhänger dazu, »so viel wie möglich zu verdienen, so viel wie möglich zu geben, so viele wie möglich zu retten«.[1] Ein weiterer Fall ist Jim Greenbaum, der vom effektiven Altruismus hörte, als er sich auf ⟨TED.com⟩ einen Vortrag ansah, den ich 2013 hielt. Damals wurde ihm klar, dass es jetzt einen Namen für das gab, was er schon sein ganzes Leben lang getan hatte. Jim verdient ganz bewusst Geld, um es dann herschenken zu können, und das macht er schon länger als jeder andere, den ich kenne. Sein Beispiel zeigt, dass man diese Praxis jahrzehntelang aufrechterhalten kann.

Jim wurde 1958 geboren und wuchs in einer jüdischen Familie in Louisiana auf, im Herzen von Amerikas *Bible Belt*. An seine Kindheit erinnert er sich folgendermaßen: »Wenn mir etwas nicht vernünftig, logisch oder fair erschien, kämpfte ich dagegen an.« Er sah Aufnahmen der Konzentrationslager und hörte die Rabbiner predigen: »Nie wieder!«

---

1 Den Hinweis auf Wesley verdanke ich Jeff Kaufman, der die Geschichte der Idee des Verdienens, um zu spenden, in drei Posts diskutiert hat: ⟨http://www.jefftk.com/p/history-of-earning-to-give⟩; ⟨http://www.jefftk.com/p/history-of-earning-to-give-ii⟩; und ⟨http://www.jefftk.com/p/history-of-earning-to-give-iii-john-wesley⟩.

Sie verurteilten die Alliierten dafür, nichts gegen den Holocaust unternommen zu haben, während die Zeitungen gleichzeitig über Gräueltaten berichteten, die immer noch überall auf der Welt begangen wurden. Die Heuchelei begann, ihm zu schaffen zu machen, und dieser Einfluss ist auch heute noch sichtbar; wie man beispielsweise am Motto der Webseite seiner Stiftung ablesen kann: »Es ist keine Option, dem Leiden einfach nur zuzusehen.«

Nach dem College wollte Jim gern Jura studieren, um Bürgerrechtsfälle übernehmen zu können; die führenden Fakultäten lehnten ihn jedoch ab. Da er keine zusätzlichen drei Jahre an einer zweitklassigen Institution verbringen wollte, entschied er sich für die Privatwirtschaft, um schnell Geld zu machen und so die Welt zu verändern. Einige Fehlschläge später gründete er die Firma Access Long Distance, die zu einem landesweiten Telekommunikationsunternehmen heranwuchs. 1990, im Alter von 32 Jahren, sah Jim dann zufällig eine Fernsehsendung über einen Amerikaner, der nach Rumänien gegangen war, um Waisenkindern zu helfen, die dort unter entsetzlichen Bedingungen aufwuchsen. Daraufhin setzte er sich eine Frist: Nach acht weiteren Jahren in der Wirtschaft, mit 40, würde er aussteigen und mit dem bis dahin verdienten Geld anderen helfen. Jim verpasste den Termin nur knapp: Als er sein Unternehmen 1999 verkaufte, war er gerade 41 geworden, und sein Vermögen erreichte mit 133 Millionen Dollar den Höchststand. Jim hat das Versprechen abgegeben, zu Lebzeiten 85 % davon Projekten zur Verfügung zu stellen, die zur Verringerung des Leids von Menschen und nichtmenschlichen Tieren beitragen; der Rest seines Vermögens soll nach seinem Tod dem gleichen Zweck dienen. Bisher hat er mehr als 40 Millionen Dollar in die Greenbaum-Stiftung gesteckt, die er zusammen mit seiner Frau, Lucie Berreby-Greenbaum, leitet. Die Stiftung hat Projekte unterstützt, die zur Verhütung und Linderung des Leids und der Misshandlung von Tieren beitragen, die Gesundheit in Entwicklungsländern verbessern, Leute in Afrika über die Menschenrechte aufklären und diejenigen retten, die zu Prostitution oder Sklavenarbeit gezwungen werden.

Im Vergleich zu den effektiven Altruisten, die wir bisher kennengelernt haben, führt Jim ein luxuriöses Leben, beispielsweise leistet er sich eine Villa. Früher besaß er zudem mehrere Sportwagen und war Miteigentümer eines Privatjets, was ihm aber beides schnell übertrieben vorkam. Er versucht noch immer, die richtige Balance zwischen seinem Lebensstil und der Nächstenliebe zu finden, fährt aber mittlerweile immerhin einen Toyota. Schon im Jahr 2003, lange bevor »Effektivität« zum Thema wurde, unterstützte Jim hauptsächlich Maßnahmen in Übersee. Bat man ihn um Spenden für lokale Projekte, erwiderte er: »Ich kann entweder Ihnen soundso viel Geld geben oder aber so und so viele Leben damit retten. Sagen *Sie* mir, was ich tun soll.«[2] Nichtsdestotrotz weiß Jim genau, dass er wohlhabende Leute zum Spenden »abholen« muss, daher stört er sich nicht an deren »ineffektiver Leidenschaft«, sofern mindestens die Hälfte ihres Geldes effektiven Organisationen zugutekommt.

Wie schneidet die Entscheidung, viel Geld zu verdienen, um viel geben zu können, im Vergleich zu der Entscheidung ab, bei einer effektiven Wohltätigkeitsorganisation zu arbeiten? Will MacAskill unterbreitet folgendes Argument: Angenommen, Sie hätten Letzteres tun können, haben aber stattdessen das Angebot einer Investmentbank angenommen, die Ihnen jährlich 200 000 Dollar zahlt. Normalerweise herrscht kein Mangel an Bewerbern für Jobs in einer karitativen Einrichtung, sodass diese jemand anderen nehmen wird, der wahrscheinlich fast so gute Arbeit leisten wird wie Sie. »Fast«,

2 *Associated Press*, »Former Telecom Millionaire Giving Fortune to Children's Causes«, ⟨http://www.ksl.com/?nid=148&sid=88335⟩.

denn da der Job *Ihnen* angeboten wurde, können wir davon ausgehen, dass Sie auch die erste Wahl waren. Der Unterschied zwischen Ihnen und dem Nächstbesten ist aber vermutlich recht gering, weswegen Sie hier weitgehend austauschbar sind. In der Finanzbranche jedoch verdienen Sie viel mehr, als Sie brauchen, und können daher die Hälfte Ihrer Einkünfte an die gleiche Hilfsorganisation abgeben. Diese kann das Geld nun verwenden, um *zwei* zusätzliche Leute anzustellen, was ohne Ihre Spende unmöglich gewesen wäre. Zusammen leisten diese beiden viel mehr als Sie allein im Vergleich zu demjenigen, der Sie ersetzt hat. Als Angestellter der Organisation sind Sie also ersetzbar, als Geldgeber jedoch nicht: Wären Sie kein Investmentbanker geworden, hätte jemand anderes den Job angenommen und mit ziemlicher Sicherheit nicht die Hälfte seines Gehalts für wohltätige Zwecke gespendet (nur sehr wenige Menschen in der Finanzbranche tun das). Der Hilfsorganisation wird es also mehr nützen, wenn Sie deren Jobangebot ablehnen und stattdessen Banker werden.[3]

Will weist auch darauf hin, dass manche Wohltätigkeitsorganisationen sich als nicht so effektiv herausstellen wie gedacht. Ein Geldgeber kann sich dann einfach umorientieren; arbeitet man dagegen bereits für eine solche Organisation, wird es nicht so einfach sein, einen neuen Job bei einer effektiveren zu bekommen. Gelingt es einem, diese Organisation effektiver zu machen, kann man damit zwar doch noch einen sehr großen Einfluss nehmen; viele Organisationen – ob sie nun karitative Zwecke verfolgen oder nicht – sind jedoch nur sehr schwer zu verändern.

Von Ausnahmen wie Jim Greenbaum abgesehen, gehören

3 ⟨http://80 000hours.org/earning-to-give⟩; Brian Tomasik scheint die Idee der Ersetzbarkeit als Erster thematisiert zu haben, siehe »Why Activists Should Consider Making Lots of Money« (2006), ⟨http://www.utilitarian-essays.com/make-money.html⟩.

die meisten, die Geld verdienen wollen, um es zu spenden, einer Generation an, die um die Jahrtausendwende herum begann, sich Gedanken über die Zukunft zu machen. Diese Menschen sind darauf vorbereitet, neue Wege zu gehen. Hätten Sie in den 1990er Jahren verkündet, in der Finanzbranche arbeiten zu wollen, um das zusätzlich Verdiente zu spenden, wären Sie schräg angesehen worden und hätten sich sehr allein gefühlt. Für Millennials ist es dagegen ganz normal, sich über soziale Medien mit Gleichgesinnten auszutauschen. Heute findet man leicht Webseiten, auf denen man mit Leuten wie etwa Aveek Bhattacharya diskutieren kann. Dieser zog der akademischen Laufbahn eine Stelle bei einer Londoner Strategieberatungsfirma vor, um durch das höhere Gehalt mehr geben zu können. Vielleicht hören Sie auch von Alex Foster, dessen christlicher Glaube ihn dazu bewegte, etwas gegen die Armut zu tun. Alex gründet gerade ein eigenes Unternehmen und ist entschlossen, alles zu spenden, was er pro Jahr über 15 000 Pfund hinaus erwirtschaftet.[4] Wenn Sie Geld verdienen wollen, um das Leid von Tieren zu lindern, können Sie die besten Optionen mit Simon Knutson besprechen, der für eine Investmentfirma in Göteborg tätig ist. Knutson spendet rund 40 % seines versteuerten Einkommens an Animal Charity Evaluators, die versuchen, die effektivsten Tierschutzorganisationen ausfindig zu machen. Auch Ben West, der zuvor als Softwareentwickler in Madison (Wisconsin) tätig war, zog seine eigene Firma auf, um mehr geben zu können. Er spendet ebenfalls für Animal Charity Evaluators sowie für das Global Priorities Project des Oxforder Future of Humanity Institute, das untersucht, welchen globalen Bedürfnissen man welche knappen Ressourcen zuteilen sollte.

Bei einer Umfrage würde altruistisches Verhalten sicher

4 E-Mails an den Autor, Januar-Februar 2013 und März-Juli 2014.

nicht zu den hervorstechenden Merkmalen eines professionellen Pokerspielers gezählt werden; das könnte sich allerdings gerade ändern. Philipp Gruissem hat beim Pokern genug gewonnen, um diejenige Art von Leben zu führen, die uns Hochglanzmagazine schmackhaft machen wollen. Fünf Jahre lang reiste er durch die Weltgeschichte und genoss sein Leben in vollen Zügen, bevor er erkannte, dass ihn dieser Lebensstil nicht zufriedenstellt; zum Glücklichsein fehlte ihm ein größeres Ziel. Schweizer Freunde machten Gruissem mit dem effektiven Altruismus bekannt, was ihn wieder zum Pokern motivierte und ihm seine größten Preisgelder eintrug, darunter fast 2,4 Millionen Dollar, die er im Jahr 2013 bei zwei Turnieren gewann. Kürzlich hat Gruissem eine Organisation namens Raising for Effective Giving gegründet, um weitere Profispieler für das effektive Spenden zu begeistern.[5]

Jeder dieser Menschen übertrifft die herkömmlichen Standards der Nächstenliebe bei weitem, doch von allen effektiven Altruisten, die mir begegnet sind, bietet Ian Ross das bemerkenswerteste Beispiel für ein Leben, das dem Ziel gewidmet ist, möglichst viel zu geben. 2006 begann Ian, in Vollzeit zu arbeiten; bis heute hat er eine Million Dollar gespendet oder für zukünftige Spenden vorgemerkt. 2014 verdiente er mehr als 400 000 Dollar, von denen über 95 % (nach Steuern) an Wohltätigkeitsorganisationen gingen. Das moralische Fundament für Ians Lebensstil wurde in seiner Collegezeit gelegt, in der er zum Veganer wurde. Den Großteil des darauffolgenden Jahrzehnts unterzog ihn ein – ebenfalls veganer – Freund einem gnadenlosen Kreuz-

5 Siehe ⟨http://reg-charity.org/⟩. Philipp Gruissem lieferte in einer E-Mail an den Autor diesbezüglich Informationen, 24.7.2014.; siehe auch Lee Davy, »A Life Outside Poker. Philipp Gruissem – An Effective Altruist«, 19.2.2014, ⟨http://calvinayre.com/2014/02/19/poker/philipp-gruissem-life-outside-of-poker-ld-audio-interview/⟩.

verhör. Schließlich war Ian so weit, das folgende Argument zu unterschreiben:

1. Die moderne Viehzucht verursacht immenses Leid.
2. Wir sind verantwortlich sowohl für das, was wir tun, als auch für das, was wir unterlassen.
3. Wir haben die Mittel, um das Leid zu verringern, das die moderne Viehzucht verursacht. Daraus folgt:
4. Es ist jedem von uns zwingend geboten, dies zu tun.

Davon überzeugt, begann Ian nun, diese Logik in die Tat umzusetzen. Er arbeitete vier Jahre lang bei der Unternehmensberatung McKinsey und anschließend bei Disney, bevor er eine leitende Position bei einem Videospiel-Start-up übernahm. Zusätzlich half Ian dabei, Hampton Creek Foods zu gründen, ein Unternehmen, das einen pflanzlichen Ei-Ersatz herstellt und bereits erfolgreich mit den Lieferanten von Eiern aus Käfighaltung konkurriert. Das meiste von seinem Geld spendet er Tierschutzorganisationen, etwa der Humane League oder Mercy for Animals, weil deren Aufklärungs- und Öffentlichkeitsarbeit viele Menschen erwiesenermaßen dazu bewegt, auf Tierprodukte zu verzichten. Zudem unterstützt Ian noch Einrichtungen wie Population Services International, weil er denkt, dass es einen doppelten Nutzen hat, den Leuten eine verantwortungsvolle Familienplanung näherzubringen: Erstens verhindert das die Geburt unerwünschter Kinder und gibt Erwachsenen damit mehr Kontrolle über ihr Leben. Und da die meisten Menschen Fleisch essen, bedeuten weniger Kinder zweitens eine geringere Nachfrage tierischer Produkte, was wiederum das Tierleid verringert.

Ian kann sich ganz auf sein Ziel der Leidensverringerung konzentrieren, da er weder einen Partner noch Kinder hat und daran auch nichts ändern will. Für ihn ist das kein Problem, weil sein Desinteresse an einer Partnerschaft schon länger besteht als das Bedürfnis, seine Moralvorstellungen konsequent umzusetzen. Er spielt Fußball mit Freunden, hört gerne Musik und fährt an den Wochenenden meistens Rad, alles mit einem Jahresbudget von rund 9000 Dollar. Einmal allerdings beglich er Tierarztkosten von 8000 Dollar für die Behandlung des Haustiers eines sehr engen Freundes. Er gibt zu, das nicht wirklich rechtfertigen zu können, und verbucht es als eine Art »Luxusausgabe«.

Die Psychologie des Verdienens, um zu spenden

2013 erschien in der *Washington Post* ein Artikel über Jason Trigg, einen Informatiker mit MIT-Abschluss, der auf dem Finanzsektor arbeitet und die Hälfte seines Gehalts an die Against Malaria Foundation überweist. Trigg wurde darin als Mitglied »einer neuen Klasse von Nachwuchskräften in Amerika und England«, beschrieben, für die »einen Haufen Geld zu machen der sicherste Weg ist, die Welt zu retten«.[6] Der *New York Times*-Kolumnist David Brooks schrieb, dass Trigg offenbar »ein ernsthafter junger Mann mit festen Moralvorstellungen« sei, der durchaus viele Leben retten könnte. Dennoch mahnte Brooks zur Vorsicht. Zum einen warnte er davor, dass unser Alltag uns verändere. Durch die Arbeit bei einem Hedgefonds könne man die eigenen Ideale aus den Augen verlieren und so weniger spendabel werden. Zum andern könne ein Beruf, den man nicht aus Leidenschaft, sondern nur um eines »abstrakten, weit entfernten Gutes« willen ergreife, einen vielleicht die Menschheit im Allgemeinen lieben lassen, nicht aber seinen Nächsten. Am

6 Dylan Matthews, »Join Wall St., Save the World«, *Washington Post*, 31.5.2013, ⟨http://www.washingtonpost.com/news/wonkblog/wp/2013/05/31/join-wall-street-save-the-world/⟩.

meisten sorgte sich Brooks aber drittens darum, »sich selbst von einem Zweck in ein bloßes Mittel zu verwandeln [...], in eine Maschine zur Umverteilung des Wohlstands«. Nur für Geld zu arbeiten, könne einen »zersetzenden« Effekt haben, selbst wenn man es für wohltätige Zwecke verwende.[7]

Die ersten beiden Einwände stellen psychologische Tatsachenbehauptungen auf, und man kann überprüfen, ob sie auf diejenigen Menschen zutreffen, die Geld verdienen, um es zu spenden. Der dritte Einwand ist eher moralischer als psychologischer Natur, daher werde ich ihn erst im nächsten Abschnitt behandeln, wo dann mehrere moralische Vorbehalte zur Sprache kommen.

Im Jahr 2013 trat Matt Wage vor die Klasse in Princeton, die er vier Jahre zuvor selbst besucht hatte. Er sprach über mögliche Bedenken angesichts seiner ungewöhnlichen Entscheidung, in die Finanzbranche zu gehen. Einige Leute hatten befürchtet, ein idealistischer junger Mann wie er würde dem Druck in einem Haifischbecken voller Banker nicht standhalten und kündigen. Das war jedoch nicht passiert. Matt hält seine Kollegen nicht für Halsabschneider, und die Arbeit selbst findet er interessant. Die andere große Sorge, die auch Brooks erwähnt, formuliert Matt so: »Aufgrund der Nähe zu so vielen reichen Menschen, die alle einen Ferrari fahren, würde ich bald sagen: ›Die Wohlfahrt ist mir gleich, was ich *wirklich* will, ist ein Ferrari.‹« Doch nach wie vor steht kein Luxusschlitten auf Matts Einkaufszettel, und damit das auch so bleibt, hat er sein Versprechen, die Hälfte seines Einkommens zu spenden, so öffentlich gemacht wie möglich. All seine Freunde dürfen und sollen ihn verspotten, falls er es nicht hält. (Aus diesem Grund hat er

7 David Brooks, »The Way to Produce a Person«, *New York Times*, 3.6.2013, ⟨http://www.nytimes.com/2013/06/04/opinion/brooks-the-way-to-produce-a-person.html?_r=2&⟩.

mir auch die Erlaubnis gegeben, dieses Versprechen hier zu erwähnen.) Davon abgesehen machte Matt aber nicht den Eindruck, sein Lebensstil belaste ihn in irgendeiner Weise. »Ich bin sehr zufrieden mit meinem Leben«, sagte er mir. »Ich würde diesen altruistischen Kram zwar auch machen, wenn ich darunter litte, aber durch eine seltsame Fügung der menschlichen Psyche macht er mich anscheinend sogar glücklicher.«

Jim Greenbaum fand die Anfangsjahre nur frustrierend, weil es länger als gedacht dauerte, das Geld zusammenzukratzen, mit dem er anderen helfen wollte. Er genoss das Geschäftliche, das ihm in gewisser Weise wie ein Spiel vorkam, und schätzte auch die Menschen, mit denen er in Kontakt geriet. Sein eigentliches Ziel verlor er jedoch nie aus den Augen. Jim plädiert für ein ausgewogenes Verhältnis zwischen einem komfortablen und einem altruistischen Lebensstil. Er hat bereits so viel gespendet, dass seine Entscheidung, Geld zu verdienen, um es herzuschenken, offensichtlich richtig war.

Ben West verweist darauf, dass eine solche Strategie selbst aus einer egoistischen Perspektive Sinn ergibt: Man kann die Dinge haben, die einen angeblich glücklich machen – Geld und einen prestigeträchtigen Job zum Beispiel –, und zusätzlich noch Gewinn aus dem Wissen ziehen, dass man hilft, die Welt zu verbessern. Ian Ross sieht keine Gefahr eines Burnouts und will so weitermachen wie bisher. Alex Foster ist von allen, die diesen Weg eingeschlagen haben und mit denen ich in Berührung kam, vermutlich am enthusiastischsten: Er findet seine Karriere »irrsinnig erfüllend – bin zufriedener als zu jeder anderen Zeit meines Lebens. Trotz eines stark reduzierten Soziallebens.« Auf der anderen Seite ist Aveek Bhattacharya manchmal unzufrieden, weil seine Arbeit es ihm nicht gestattet, den Dingen auf den Grund zu gehen. Für ihn war Verdienen, um zu spenden, immer ein Experiment, und er behält sich die Möglichkeit

vor, doch noch zu promovieren und eine akademische Laufbahn einzuschlagen.[8]

David Brooks hätte Recht, wenn er seine Leser bloß darauf hinweisen wollte, dass diese Art der Philanthropie nicht
jedermanns Sache ist: Manche Leute können sich eben nicht
groß dafür begeistern, ihren Arbeitgeber zu bereichern. Andere dagegen mögen es, Geld zu machen, und die zusätzliche
Motivation, dass ein großer Teil davon für einen guten Zweck
bestimmt ist, verschafft ihnen einen Kick. Sie vermeiden damit ein Problem, das ein Cartoon im *New Yorker* gut illus-
triert. Zu sehen ist ein Geschäftsmann, der sich am Telefon
beschwert: »Ich arbeite härter als je zuvor, aber alles, was ich
dafür kriege, ist mehr und mehr Geld.«[9]

Brooks räsoniert über den Schaden, den es anrichten kann,
wenn man sich in ein Mittel zur Umverteilung des Wohlstands verwandelt. Er übersieht, dass es leider das Schicksal
vieler ist, eine für sie uninteressante oder unangenehme Arbeit zu verrichten, um sich und ihre Familien zu ernähren.
Warum sollte eine solche Arbeit eine zersetzendere Wirkung auf diese Menschen ausüben, wenn sie stattdessen anderen damit helfen?

Die Ethik des Verdienens, um zu spenden

Indem Brooks beklagt, dass man sich von einem Zweck in
ein Mittel verwandle, wiederholt er einen Einwand gegen den
Utilitarismus, den der britische Philosoph Bernard Williams schon 40 Jahre zuvor erhoben hat. Williams kritisiert
den Utilitarismus durch ein Gedankenexperiment: Wir sol-

8 Die vorangegangenen Absätze basieren auf E-Mails der genannten Personen an den Autor. Sie stammen aus der Zeit zwischen Januar 2013 und
  Juli 2014.
9 Cartoon von PC Vey, *New Yorker*, 31. 3. 2014, S. 27.

len uns einen Mann namens George vorstellen, der seinen Abschluss in Chemie gemacht hat und gerade Arbeit sucht. Nun wird ihm ein Job in einem Labor angeboten, das neue Arten chemischer Waffen entwickelt. (Williams schrieb, bevor diese mittels internationaler Verträge verboten wurden.) George ist gegen die Entwicklung von Chemiewaffen, doch wenn er den Job nicht erledigt, macht ihn eben ein anderer. Dieser wird vermutlich mit viel größerem Eifer bei der Sache sein, sodass im Endeffekt wahrscheinlich mehr und nicht weniger neue Formen chemischer Waffen entwickelt werden, falls George das Angebot ablehnt.[10] Will er das Beste tun, sollte George seine Ansichten über Chemiewaffen also für sich behalten, die Arbeit annehmen und sie dann so schlecht wie möglich machen. Um nicht gefeuert zu werden, wird er zwar einige Dinge tun müssen, die zum Bau neuer chemischer Waffen beitragen, und er mag sich deswegen schlecht fühlen. Ein Utilitarist kann ihm jedoch versichern, dass es letztlich vor allem darauf ankommt, weniger Vernichtungswaffen zu entwickeln.

Williams wendet ein, dass dies von George verlangt, »seine Pläne und Entscheidungen auf[zu]geben und diejenige Entscheidung an[zu]erkennen [...], die die utilitaristische Berechnung verlangt«. Das entfremde ihn jedoch denjenigen Handlungen und Überzeugungen, mit denen er sich identifiziert, und wäre »folglich im wörtlichsten Sinn ein Angriff auf seine Integrität«.[11] Hat Williams Recht? Und wenn ja, gibt es eine Parallele zu denjenigen, die verdienen, um zu spenden, und die daher einen Beruf wählen, der ihnen nicht intrinsisch wertvoll erscheint? Investmentbanking ist moralisch gesehen nicht dasselbe wie die Entwicklung chemischer Waffen, außerdem versuchen diese Leute – im Gegen-

---

10 Bernard Williams, *Kritik des Utilitarismus* (Frankfurt/M.: Klostermann, 1979), S. 61.
11 Ebd., S. 81.

satz zu George – nicht, ihrem Arbeitgeber absichtlich zu schaden. Sie möchten ihren Job vielmehr so gut wie möglich machen, um die dicksten Gehälter und Boni einzustreichen und so noch mehr spenden zu können. Es stimmt zwar, dass sie ihre Ansichten über den intrinsischen Wert ihrer Arbeit womöglich für sich behalten müssen, um nicht anzuecken, und es stimmt ebenfalls, dass einige von ihnen ihre eigenen Projekte vernachlässigt haben, um den Weg einzuschlagen, den die »utilitaristische Berechnung« vorgibt (so wie Matt, der seinen ursprünglichen Plan aufgab, an der Uni zu bleiben und Professor zu werden). Aber liegt Williams wirklich richtig damit, dass sie nun ihren Überzeugungen entfremdet sind und ihre Integrität eingebüßt haben? Verwandelt man sich so, wie Brooks meint, in ein bloßes Mittel zum Zweck, verdirbt es den Charakter?

Diejenigen, die verdienen, um zu spenden, leben stärker im Einklang mit ihren Werten (also mit ihrer Grundüberzeugung, dass man in seinem Leben möglichst viel Gutes tun sollte) als die meisten Menschen. Es fällt schwer, hierin irgendeine Art von Entfremdung oder einen Integritätsverlust zu sehen, im Gegenteil: Für Menschen, die diese Überzeugung teilen, bedeutete es einen Verlust an Integrität, wenn sie ihren Neigungen nachgeben würden, um zum Beispiel einen Abschluss zu machen, die fällige Diplomarbeit über *Beowulf* zu schreiben und schließlich Professor für mittelalterliche Literatur zu werden.[12]

Vielleicht haben solche Leute zwar ihre Integrität bewahrt, sind aber nicht integer, da sie sich in Aktivitäten ver-

12 All das bestätigt eine Bemerkung Richard Hares, der darauf hinwies, dass Williams' Einwand gegen den Utilitarismus aufgrund der »Kühnheit einer Definition frappiert, mittels derer er die egozentrische Verfolgung der eigenen Projekte zur ›Integrität‹ umdeutet und es dem Utilitarismus ankreidet, wenn dieser damit in Konflikt gerät«. R.M. Hare, »Ethical Theory and Utilitarianism«, in: ders., *Essays in Ethical Theory* (Oxford: Clarendon Press, 1989), S. 219 Fn.

strickt haben, die anderen schaden? Ein Kritiker formuliert
es so:

> Der Kapitalismus in seiner gegenwärtigen, globalen Form
> vergrößert die Ungleichheit. […] Einige wenige werden rei-
> cher, während viel, viel mehr Menschen durch die Markt-
> wirtschaft in die immer extremere Armut getrieben werden.
> Die Kluft zwischen den Reichsten und den Ärmsten wird
> immer breiter. […] In der Finanzbranche zu arbeiten, um
> das Verdiente an globale Hilfsorganisationen zu spenden, ist
> so, als ob ein Brandstifter die örtliche Feuerwehr unter-
> stützte.[13]

Der Kapitalismus scheint die Ungleichheit in der Tat zu ver-
stärken, aber das beweist nicht, dass er Menschen in die extreme Armut treibt. Die Ungleichheit kann auch zunehmen,
wenn die Reichen immer reicher werden und die Armen genauso arm bleiben, und sie kann selbst dann zunehmen, wenn
die Armen mehr, jedoch nicht so viel mehr dazu bekommen
wie die Reichen. Wie wir in Kapitel 1 gesehen haben, schätzt
ein effektiver Altruist die Gleichheit normalerweise nicht
um ihrer selbst willen, sondern nur wegen ihrer Konsequenzen[14] – und es ist nicht ausgemacht, dass es alles in allem
schlechte Folgen hat, die Reichen zwar reicher, aber die Armen dabei nicht ärmer zu machen. Es versetzt die Reichen
immerhin in die Lage, den Armen besser zu helfen, und einige der wohlhabendsten Menschen der Welt, darunter Bill
Gates und Warren Buffett, haben genau das getan; an den

13 Anonymer Kommentar in einem Diskussionsforum zum Thema »Verdienen, um zu spenden« in Peter Singers Onlinekurs »Praktische
Ethik«, April 2014.
14 Es ist möglich, Gleichheit um ihrer selbst willen zu schätzen und den
effektiven Altruismus gleichwohl stark zu unterstützen. Zu den Philosophen, die Sympathien für eine Form des Egalitarismus hegen
und gleichzeitig den effektiven Altruismus unterstützen, zählen Nir
Eyal, Thomas Pogge, Larry Temkin und Alex Voorhoeve.

absoluten Zahlen gemessen sind sie die größten effektiven Altruisten der Menschheitsgeschichte. Zweifellos treibt der Kapitalismus *einige* Menschen in die extreme Armut – bei einem System dieses Ausmaßes ist das nicht überraschend –, aber er hat auch Hunderten von Millionen aus ihr herausgeholfen. Es lässt sich schwer beweisen, dass der Kapitalismus den Ärmsten mehr geschadet als geholfen hat; tatsächlich spricht vieles für das Gegenteil.[15]

Wie dem auch sei: Interessanterweise hat keiner von denen, die das ganze moderne kapitalistische System stürzen wollen, eine überzeugende Alternative parat, und diese Leute haben auch keine Ahnung, wie heute, im 21. Jahrhundert, ein Übergang zu einem anderen Wirtschaftssystem vonstattengehen sollte. Ob es einem gefällt oder nicht: Auf absehbare Zeit werden wir wohl mit irgendeiner Form von Kapitalismus leben müssen, und daher auch mit Märkten für Aktien, Anleihen und Rohstoffe. Diese Märkte erfüllen verschiedene Funktionen, darunter die Beschaffung von Investmentkapital, die Risikoreduzierung und das Glätten von Schwankungen bei den Rohstoffpreisen. Sie scheinen nicht von Natur aus schlecht zu sein.

Es stimmt: Das Verdienen, um zu spenden, kann in der Hochfinanz dazu führen, dass einige Menschen zu Schaden kommen. Hiermit ist allerdings noch nicht die moralische Frage entschieden, ob man so handeln sollte oder nicht. Moralische Regelwerke geben dem Prinzip »Füge niemandem Schaden zu« oft Vorrang vor dem Prinzip »Tue so viel Gutes wie möglich«. Wer dieser Auffassung ist, wird es falsch finden, für ein Unternehmen zu arbeiten, das unschuldigen Menschen schadet, selbst wenn das Gute, dass man dadurch bewirken kann, diesen Schaden bei weitem überwiegt. Das moralische Dilemma hinter dieser Einstellung offenbarte

---

15 Siehe Angus Deaton, *The Great Escape. Health, Wealth, and the Origins of Inequality* (Princeton: Princeton University Press, 2013).

sich in dramatischer Form im Zweiten Weltkrieg, als die Nazis ihre V1- und V2-Raketen auf London abschossen. Spione sandten ihnen von dort Berichte über die Zielgenauigkeit der Angriffe, tatsächlich aber handelte es sich bei diesen um britische Doppelagenten, die die Deutschen mit Fehlinformationen versorgten, um den Beschuss von London abzulenken. Schätzungen nach würde dies pro Monat 12 000 Menschenleben retten. Als das britische Kriegskabinett im August 1944 von der Täuschung erfuhr, behauptete Herbert Morrison, ein Minister und Kabinettsmitglied, es sei moralisch falsch von der Regierung, darüber zu befinden, dass lieber Menschen südlich von London als diejenigen im Stadtzentrum ihr Leben lassen sollten. Diesem Einwand scheint das »Füge niemandem Schaden zu«-Prinzip zugrunde zu liegen; indem man die Raketen in ländlichen Gebieten niedergehen ließ, wo sie weniger Opfer forderten, tat man ja insgesamt mehr Gutes, denn man verhinderte dadurch viele Todesfälle in London. Es gelang Morrison, das Kabinett von seiner Sicht zu überzeugen (Churchill war zu dieser Zeit im Ausland), doch der britische Geheimdienst MI5 ignorierte die entsprechende Weisung und erhielt die Täuschung bis zum Kriegsende aufrecht.[16] Wenn Sie denken, dass Morrison richtig lag, werden Sie es wahrscheinlich auch falsch finden, an Finanzdingen beteiligt zu sein, die einigen Menschen schaden, selbst wenn dies viel mehr Menschen einen entsprechend großen Nutzen bringt. Ein effektiver Altruist kann Ihrer Meinung sein und immer noch sehr viel Gutes tun, auch ohne irgendjemandem zu schaden. Meiner eigenen Ansicht nach lag Morrison jedoch falsch, und es war richtig, das Leben so vieler Zivilisten zu retten.

Die andere hier relevante Frage ist, was es eigentlich heißt, an einem Schaden ungerechtfertigt mitschuldig (*wrongfully*

16 David Irving, *Die Geheimwaffen des Dritten Reiches* (Reinbek b. Hamburg: Rowohlt, 1968), S. 268-270.

complicit) zu sein. Beurteilt man Handlungen nach ihren Folgen, dann trägt man eine ungerechtfertigte Mitschuld, falls man durch sein Tun die Wahrscheinlichkeit erhöht, dass der Schaden entsteht. Wie wir vorhin sahen, wird jemand anderes den Posten bei der Investmentbank übernehmen, wenn Sie es nicht tun, und aus Sicht der Bank wird diese Person den Job wahrscheinlich fast ebenso gut machen wie Sie. Finanziert die Bank zum Beispiel den Bau einer Mine, die das Flusswasser verschmutzt, auf das viele mittellose Dorfbewohner angewiesen sind, dann wird Ihre Weigerung, die Arbeit anzunehmen, das nicht verhindern. Es wird Ihnen nur die Möglichkeit nehmen, so viel wie möglich für die gute Sache zu spenden, beispielsweise für Organisationen, die Hilfe zur Selbsthilfe leisten, sodass die Schwachen sich besser gegen Bergbauunternehmen zur Wehr setzen können. Darüber hinaus könnten Sie als Angestellter der Bank, als Insider, eine bessere Chance haben, auf deren Entscheidungen (oder auch auf diejenigen der Unternehmen, denen die Bank Geld zur Verfügung stellt) einzuwirken als von außen, als Aktivist. Andererseits mag Ihnen die Unternehmenskultur keine Chance dazu lassen, falls es dort nur um die rücksichtslose Profitmaximierung geht und ein einzelner Berufseinsteiger das nicht ändern kann. In besonders schlimmen Fällen mag es das Beste sein, zu kündigen und an die Öffentlichkeit zu gehen. Doch selbst dann hatte Ihre Berufswahl gute Konsequenzen, denn dadurch ist aus Ihnen ein besser informierter und glaubwürdigerer Gegner der Bank geworden.

Der konsequentialistische Begriff der Mitschuld hat Implikationen, die viele Menschen ablehnen werden. Aus ihm folgt zum Beispiel, dass die Aufseher in Auschwitz sich nicht falsch verhielten, falls ihre Weigerung, diese Aufgabe zu erfüllen, nur dazu geführt hätte, dass ein anderer das getan und diejenigen, die dort ermordet werden sollten, vielleicht noch brutaler behandelt haben würde. Da die Alternative zum Dienst als KZ-Aufseher oft darin bestand, an die Ostfront geschickt zu werden, entsprach diese hypothetische Möglichkeit wohl manchmal den Tatsachen. Anstatt diese Implikation zu akzeptieren, könnte man nun folgendermaßen argumentieren: Wir sollten nicht die tatsächlichen Konsequenzen der Weigerung einer Person betrachten, KZ-Aufseher zu werden. Stattdessen sollten wir fragen, was passiert, wenn jeder eine Regel befolgt, die es verbietet, für eine verbrecherische Institution tätig zu sein. Ein Kantianer könnte dieser Argumentation ebenso folgen wie ein Regelutilitarist – also jemand, der es für falsch hält, eine Regel zu brechen, falls deren allgemeine Akzeptanz gute Konsequenzen hätte.[17] Außerdem lässt sich noch eine andere Sicht auf die ungerechtfertigte Mitschuld vertreten, der zufolge man für den Schaden verantwortlich ist, den eine Gruppe, eine Organisation oder ein anderes Kollektiv verursacht, dem man willentlich angehört.[18] Streng utilitaristische effektive Altruisten können diese Sichtweisen nicht akzeptieren und müssten daher zugestehen, dass – einer plausiblen Lesart der relevanten Fakten zufolge – zumindest einige der Aufseher in Auschwitz nicht falsch handelten. Man kann den effektiven Altruismus im Allgemeinen gutheißen und zugleich einen Regelutilitarismus oder sogar eine nichtkonsequentialistische Vorstellung von Mitschuld vertreten. Wenn man dies tut und außerdem glaubt, dass Investmentbanken und ähnliche Unternehmen Übeltaten begehen, mag dies ein ausreichender Grund dafür sein, nicht in der Finanzbranche

17 Siehe Brad Hooker, *Ideal Code, Real World* (Oxford: Clarendon Press, 2002), oder Hookers »Rule Consequentialism«, in: *Stanford Encyclopedia of Philosophy*, Spring 2011, Edward N. Zalta (Hg.), ⟨http://plato.stanford.edu/archives/spr2011/entries/consequentialism-rule⟩.
18 Siehe etwa Christopher Kutz, *Complicity. Ethics and Law for a Collective Age* (Cambridge: Cambridge University Press, 2000).

zu arbeiten.[19] Man kann aber auch der Auffassung sein, dass Investmentfirmen üblicherweise einem guten wirtschaftlichen Zweck dienen und man sich nicht irgendwie mitschuldig macht, nur weil man Banker wird.

In 10 oder 20 Jahren wird uns das Prinzip des Verdienens, um zu spenden, vertrauter sein, und die moralischen Einwände, die Brooks und andere heute dagegen erheben, dürften uns dann wie das übliche Genörgel einer älteren Generation vorkommen, die nicht wirklich versteht, was die nächste da tut. Aus einer Studie einer unabhängigen US-Denkfabrik, der Brookings Institution, geht hervor, dass Millennials sich viel mehr Sorgen um die soziale Verantwortung von Unternehmen machen als jede Generation zuvor. In ihrer Eigenschaft als Mitarbeiter wollen sie, dass »ihre tägliche Arbeit Teil ihrer sozialen Anliegen ist und diese widerspiegelt«.[20] Eine solche Integration von Arbeit und sozialen Werten lässt sich auf vielerlei Weisen erreichen. Für die richtige Person in den richtigen Umständen ist Geld verdienen, um es zu spenden, eine davon.

19 Die vorangegangene Diskussion wurde durch eine Bemerkung in Gang gesetzt, die Shelly Kagan nach einer der Castle Lectures machte.
20 Morley Winograd, Michael Hais, *How Millennials Could Upend Wall Street and Corporate America*, Brookings Institute, Washington, DC, 2014, ⟨http://www.brookings.edu/~/media/research/files/papers/2014/05/millennials%20wall%20st/brookings_winogradv5.pdf⟩.

5. Weitere ethische Karrieren

Das Verdienen, um zu spenden, ist eine ganz bestimmte Art und Weise, Gutes zu tun. Es kann die moralisch richtige Berufswahl für jemanden sein, der dafür geeignet ist. Dazu muss man die Arbeit interessant genug finden, um sie gut zu machen, und man muss charakterfest genug sein, um seinen Verdienst wieder und wieder an effektive Hilfsorganisationen zu spenden. Will MacAskill denkt allerdings nicht, dass diese Option immer oder auch nur in der Regel die beste ist. Sie sollte uns eher als eine Art Ausgangspunkt dienen, von dem aus andere ethische Karrierechancen bewertet werden können.[1]

Fürsprecher

Will ist nicht in der Finanzbranche tätig, denn seiner Überzeugung nach kann er mehr Gutes tun, wenn er zwei Menschen mit Verdienstchancen, die den seinen entsprechen, dazu bewegen kann, ihr Einkommen zu spenden – und tatsächlich hat er schon jetzt weit mehr Menschen dazu gebracht. Das von ihm mitgegründete 80 000 Hours ist eine Meta-Hilfsorganisation: eine Hilfsorganisation, die andere Hilfsorganisationen bewertet oder fördert. Giving What We Can, GiveWell oder The Life You Can Save sind weitere Beispiele. Arbeitet man für eine effektive Meta-Hilfsorganisation, kann man aufgrund des Multiplikatoreffekts mehr Gutes

---

1 MacAskill antwortete damit auf eine Frage von Jeff Kaufman: ⟨https://www.facebook.com/jefftk/posts/613 456 690 752 ?comment_id=713.258⟩.

bewirken als bei einem gewöhnlichen Hilfswerk – obwohl dies auch dafür sprechen könnte, möglichst viel Geld zu machen und dieses dann einfach einer solchen Meta-Organisation zu geben. Wie bei einer normalen Hilfsorganisation dürften Sie auch hier ersetzbar sein, aber wenn Sie über einzigartige Fähigkeiten verfügen, sind diese hier wahrscheinlich besonders nützlich. Wills Kenntnis der Moralphilosophie, seine argumentativen Fähigkeiten, sein Wissen um die Grundlagen des effektiven Altruismus sowie seine Erfahrung mit und seine persönlichen Verbindungen zu dieser Bewegung machen ihn fast unersetzlich.

Bürokrat

In den 1990er Jahren las jemand, den ich »Gorbi« nennen werde (er möchte anonym bleiben), mein »Hunger, Wohlstand und Moral« und bat mich anschließend schriftlich um Rat bei seiner Berufswahl. Er hatte gerade seinen Abschluss gemacht, war ehrenamtlich für eine Wohltätigkeitsorganisation tätig und lebte äußerst sparsam. Ihm war allerdings klar geworden, dass es vielleicht besser wäre, stattdessen bei einer Bank zu arbeiten, um dann den größten Teil seines Einkommens jener Hilfsorganisation zu spenden. Gorbi erwähnte auch die Möglichkeit, für die Weltbank zu arbeiten, verwarf diese Option jedoch aufgrund des Schadens, den die Bank ihm zufolge gerade jenen zufügte, denen er helfen wollte. An den Rand seines Briefs (das war, bevor es E-Mail gab) kritzelte ich eine Antwort – ich schrieb von der Möglichkeit, ein »Gorbatschow bei der Weltbank« zu werden und dabei zu helfen, diese zu reformieren. Dann sandte ich den Brief mit meinen Kommentaren zurück und vergaß die ganze Sache völlig.

Jahre später hörte ich wieder von Gorbi. Er war tatsächlich zur Weltbank gegangen und nun Mitglied eines Teams, das die Wirtschaftlichkeit der Investitionen der Bank im Sektor der globalen Gesundheit evaluieren sollte. Genauer gesagt, war er für diejenige Sektion zuständig, die Investitionen im Bereich der Familienplanung empfahl. Auf Empfehlung seiner Sektion verschob die Bank 400 Millionen Dollar von Projekten, bei denen jede verhinderte unerwünschte Geburt 300 Dollar kostete, hin zu Projekten, die bei gleichem Ergebnis mit 50 Dollar auskamen. Wie dieses Beispiel zeigt, gibt es sehr große Unterschiede in der Kostenwirksamkeit der verschiedenen Möglichkeiten zur Gesundheitsfürsorge für die Menschen in den Entwicklungsländern, sodass bessere Entscheidungen trotz eines festen Budgets einen gewaltigen Unterschied machen können. Gorbis Abteilung hatte das Familienplanungsbudget der Bank (wenn man die Zahl der verhinderten ungewollten Geburten zugrunde legt) auf diese Weise quasi um zwei Milliarden Dollar erhöht.

Gorbi ermutigt andere, in seine Fußstapfen zu treten, weil man bei Organisationen wie der Weltbank sehr gute Aussichten hat, mehr Geld zu kontrollieren, als man realistischerweise irgendwo anders verdienen könnte. Außerdem gibt es ihm zufolge in diesen Einrichtungen weniger Konkurrenz um die Führungspositionen als in der Privatwirtschaft, sodass man nicht außergewöhnlich begabt sein oder siebzig Stunden pro Woche schuften muss, um diejenige Leitersprosse zu erklimmen, auf der man wirklich etwas bewegen kann. Ich weiß nicht genau, ob das so stimmt, denn Gorbi ist wirklich ein ziemlich heller Kopf. Aber es ist wahr, dass eine Anstellung als Beamter in der Regierung oder bei einer großen internationalen Institution wahrscheinlich nicht so glamourös oder gut bezahlt ist wie ein Job in der Hochfinanz, sodass man dort wohl leichter Karriere machen kann.

Für diejenigen mit der entsprechenden Begabung dürften sich durch eine Karriere in der Forschung besondere Gelegenheiten ergeben, eine Menge Gutes zu tun. Höchstwahrscheinlich wird dies aber nicht in den offensichtlicheren Bereichen geschehen, also etwa durch die Entwicklung eines Malariaimpfstoffs oder einer ertragreicheren Nutzpflanze. In der Vergangenheit hat die medizinische Forschung Entdeckungen gemacht, durch die Krankheiten wie die Kinderlähmung oder die Pocken erfolgreich bekämpft oder sogar ausgerottet wurden, und der Biologe Norman Borlaug, der die Getreidesorten züchtete, die zur Grünen Revolution führten, gilt als derjenige, der mehr Menschenleben gerettet hat als irgendjemand sonst.[2] Viele hochbegabte Forscher haben den eindrucksvollen und stark beachteten Erfolgen der Wissenschaftler auf diesen Gebieten nachgeeifert, und daher sind die Chancen gering, dass irgendjemand – Sie zum Beispiel – hier noch etwas leisten wird, auf das sonst niemand käme. In einem relativ vernachlässigten Forschungsfeld dürften die Chancen aber besser stehen. Daher empfiehlt 80 000 Hours »Priorisierungsforschung«, also »Aktivitäten, die dazu dienen, herauszufinden, welche Ursachen, Interventionen, Organisationen oder Strategien am meisten dazu beitragen, die Welt zu verbessern«.[3] Die Kapitel 10 bis 15 dieses Buches vermitteln eine bessere Vorstellung davon, worum es geht und mit welchen Schwierigkeiten man dabei zu kämpfen hat. Dort zeigt sich auch, dass das Feld immer noch in den Kinderschuhen steckt, was daran liegen mag,

2 Siehe etwa *The World Food Prize*, »About Dr. Norman Borlaug«, ⟨http://www.worldfoodprize.org/en/dr_norman_e_borlaug/about_norman_borlaug/⟩.

3 Benjamin Todd, »Which Cause Is Most Effective?«, 21. 1. 2014, ⟨http://80 000hours.org/blog/300-which-cause-is-most-effective-300⟩.

dass es sehr schwierig – manche sagen, unmöglich – ist, hier größere Fortschritte zu erzielen. Im Moment wäre ein solches Fazit allerdings verfrüht.

Die Priorisierungsforschung ist nur ein Beispiel für ein noch weitgehend unerschlossenes Gebiet, auf dem Bedeutendes geleistet werden könnte. Und es ist eines, das Menschen, die sich für den effektiven Altruismus interessieren, besonders schnell in den Sinn kommt. In vielen vernachlässigten Forschungszweigen dürfte die Chance auf einen Durchbruch den Versuch rechtfertigen, hier Karriere zu machen. Das Problem ist, die entsprechenden Bereiche zu finden, und diese Aufgabe ist selbst eine Form der Priorisierungsforschung innerhalb der Unterkategorie der Forschungslaufbahnen.

Organisator und Aktivist

Menschen mit besonderen Talenten und einem eisernen Willen sollten unter Umständen selbst eine Organisation gründen, um einen möglichst großen positiven Einfluss auf die Welt nehmen zu können. Bei einer schon bestehenden Organisation werden sie bloß einen geringfügigen Unterschied machen können, da sie dort nicht viel mehr erreichen können als irgendein anderer. Der Mehrwert einiger neuer Organisationen dagegen wäre ohne ihre Gründer niemals realisiert worden. Ich habe bereits Elie Hassenfeld und Holden Karnofsky erwähnt, die es so viel einfacher gemacht haben, ein effektiver Altruist zu sein; Ähnliches kann über Toby Ord und Will MacAskill gesagt werden, die Giving What We Can bzw. 80 000 Hours ins Leben gerufen haben. Hier nun noch einige weitere Beispiele, die zeigen, wie viel ein Einzelner erreichen kann.

Janina Ochojska wuchs im kommunistischen Polen auf. Sie hatte Kinderlähmung und wurde mehrfach operiert, aber während ihres Studiums verschlechterte sich ihr Zustand derart, dass kein polnischer Arzt eine erneute Behandlung wagte. In Frankreich, wo sie ein Jahr verbrachte, konnte ihr dann geholfen werden. Zurück in Polen, wurde sie Mitbegründerin der polnischen EquiLibre Foundation, deren Vorbild eine französische Wohltätigkeitsorganisation war. Anfänglich unterstützte EquiLibre in Armut lebende Polen, aber als 1992 der Bosnienkrieg ausbrach, organisierte Ochojska einen Hilfskonvoi in das belagerte Sarajevo. Zu jener Zeit war Polen ein relativ armes Land, das sich langsam von über 40 Jahren kommunistischer Herrschaft erholte, doch trotz der allgemeinen Armut gelangte Janina zu der Überzeugung, dass ihre Landsleute bereit waren, noch bedürftigeren Menschen zu helfen. Sie löste sich von EquiLibre und etablierte die Polish Humanitarian Action (PAH). Unter ihrer Leitung organisierte die PAH den ersten polnischen Hilfseinsatz im Kosovo und dehnte die Hilfe dann nach und nach auf Tschetschenien, den Irak, den Iran, den Libanon, den Südsudan, Sri Lanka, Afghanistan, Somalia, die Palästinensischen Autonomiegebiete, die Philippinen und Haiti aus. Wie vorherzusehen war, wurde sie gefragt, warum sie Konvois in ferne Länder entsandte, während manche Polen so arm waren, dass sie den Müll nach etwas Essbarem durchwühlen mussten. In ihrer Antwort wies Ochojska die Idee zurück, man könne sich nicht gleichzeitig um weit entfernte Menschen und Menschen vor Ort kümmern; sie glaubt, dass man die Leute auch für die Bedürfnisse Letzterer sensibilisiert, wenn man sie über die Verhältnisse von Bedürftigen irgendwo anders auf der Welt aufklärt.[4] Dementsprechend führt PAH Lehrveranstaltungen in polnischen

4 Wojciech Bonowicz, Janina Ochojska, *Niebo to inni* (Krakau: Znak, 2000), S. 183.

Schulen durch, um die Schüler auf die Probleme von Menschen in den Entwicklungsländern aufmerksam zu machen, hilft dabei, Flüchtlinge in die polnische Gesellschaft zu integrieren und setzt sich zudem bei der polnischen Regierung für die weltweit Ärmsten ein. 20 Jahre nach Gründung ist PAH die führende polnische NGO, was Entwicklungshilfe und humanitäre Hilfe angeht; ihre jährlichen Einkünfte entsprechen umgerechnet mehr als fünf Millionen US-Dollar.[5]

Dharma-Meisterin Cheng Yen ist eine buddhistische Nonne, die im Hualien County lebt, einer Bergregion an der Ostküste Taiwans. Da die Berge das Ein- und Ausreisen erschweren, ist der Anteil der indigenen Bevölkerung in diesem Gebiet hoch, und in den 1960er Jahren lebten dort viele Menschen, vor allem auch diese Einheimischen, in Armut. Obwohl dem Buddhismus manchmal nachgesagt wird, er empfehle den Rückzug von der Welt zugunsten der Konzentration auf das eigene Innenleben, nahm Cheng Yen den umgekehrten Weg. 1966 hatte die damals 29-Jährige ein Schlüsselerlebnis: Sie sah eine indigene Frau, bei der Geburtskomplikationen aufgetreten waren und die von ihrer Familie deshalb acht Stunden lang aus einem Bergdorf nach Hualien City getragen worden war. Bei der Ankunft wurde ihnen mitgeteilt, sie müssten für die medizinische Behandlung der Frau aufkommen, und da sie sich das nicht leisten konnten, blieb ihnen nur die Umkehr. Als Reaktion darauf trommelte Cheng Yen eine Gruppe von 30 Hausfrauen zusammen, von denen jede ein paar Groschen pro Tag zur Seite legte, um einen Hilfsfonds für bedürftige Familien zu gründen, den sie Tzu Chi nannten: »Barmherzige Unterstützung«. Allmählich sprach sich das herum, und mehr und mehr Men-

5 Polish Humanitarian Action, *Jahresbericht*, 2012; ⟨http://www.pah.org.pl/m/3626/PAH%20raport%20roczny%202012en.pdf⟩.

schen traten der Gruppe bei.[6] Cheng Yen begann, Geld für den Bau eines Krankenhauses in Hualien City zu sammeln. Es wurde 1986 eröffnet, und seitdem sind sechs weitere hinzugekommen.

Um Menschen vor Ort Arbeit in diesen Krankenhäusern zu geben, eröffnete Tzu Chi Ärzte- und Krankenpflegeschulen. Das vielleicht Bemerkenswerteste an ersteren ist der Umgang mit Leichen, die für medizinische Zwecke – Anatomiekurse, simulierte Operationen oder Forschungen – benötigt werden. In chinesischen Kulturen ist es schwierig, Leichen für solche Zwecke zu bekommen, da eine konfuzianische Tradition vorschreibt, dass der Körper eines Verstorbenen unversehrt eingeäschert werden soll. Cheng Yen bat die Mitglieder ihrer Gruppe daher, ihren Leib der Schule zu vermachen. Im Gegensatz zu den meisten anderen medizinischen Fakultäten werden die Körper hier mit dem größten Respekt für die Person behandelt, der der Körper gehörte. Die Studenten besuchen die Familie der Verstorbenen, um mehr über ihr Leben zu erfahren, sie nennen die Toten »stille Mentoren«, hängen Fotos aus deren Leben an die Wände der Schule und jeder Spender bekommt einen eigenen Schrein. Nachdem der Kurs beendet ist und der Körper seinen Zweck erfüllt hat, werden alle Organe wieder eingesetzt und der Körper wird zugenäht. An der anschließenden Einäscherungszeremonie nehmen sowohl Studenten als auch die Familie teil.

Aus Tzu Chi ist mittlerweile eine riesige Organisation mit enormen Möglichkeiten geworden, die allein in Taiwan sieben Millionen Mitglieder zählt – fast 30 % der Bevölkerung. Hinzu kommen weitere drei Millionen Mitglieder, die in Ortsverbänden in 51 weiteren Ländern organisiert sind.

6 Tzu Chi, »Biography of Dharma Master Cheng Yen«, ⟨http://www.tzu chi.org.tw/en/index.php?option=com_content&view=article&id=159& Itemid=198⟩.

Nachdem Taiwan 1999 von einem schweren Erdbeben erschüttert wurde, baute Tzu Chi 51 Schulen wieder auf; seitdem wurden in 16 weiteren, von Katastrophen heimgesuchten Ländern 182 Schulen wiedererrichtet. Die Organisation legt außerdem großen Wert auf Nachhaltigkeit in allen Bereichen. Sie ist zu einem wichtigen Recycling-Unternehmen geworden, denn ihre freiwilligen Helfer sammeln Plastikflaschen und andere Wertstoffe, die dann zu Teppichen und Kleidungsstücken verarbeitet werden. Um eine nachhaltige Lebensweise ebenso zu fördern wie das Mitleid für alle fühlenden Wesen, serviert Tzu Chi in allen Krankenhäusern, Schulen, Universitäten und übrigen Institutionen ausschließlich vegetarisches Essen.

Aus der Perspektive eines effektiven Altruisten tut Tzu Chi einige überraschende Dinge. Nach dem Erdbeben und dem Tsunami, die Japan 2011 trafen, sammelte die Organisation Spenden, um die Überlebenden mit warmen Mahlzeiten versorgen zu können, und in der Folge des Wirbelsturms Sandy, der im Jahr 2012 New York und New Jersey verwüstete, verteilte Tzu Chi Visa-Debitkarten mit einem Guthaben von je 600 Dollar und im Gesamtwert von 10 Millionen Dollar an die Opfer.[7] Bei meinem Besuch im Tzu-Chi-Krankenhaus in Hualien fragte ich Rey-Sheng Her, einen Sprecher von Tzu Chi, warum die Organisation Bürgern wohlhabender Länder wie Japan und den Vereinigten Staaten Hilfe leistet, obwohl das Geld den Ärmsten in den Entwicklungsländern viel mehr helfen könnte. Ihm zufolge legt Tzu Chi Wert darauf, Mitgefühl und Liebe für Reiche und Arme gleichermaßen zu zeigen, und das könne praktischerweise

7 »Tzu Chi Fundraising for Japan Earthquake and Tsunami Survivors«, USA Tzu Chi, 18.3.2011; »International Buddhist Organization Tzu Chi Foundation Giving Sandy Victims $ 600 Visa Debit Cards«, *New York Daily News*, 18.11.2012; ⟨http://www.nydailynews.com/new-york/buddhist-organization-sandy-victims-600-debit-cards-article-1. 1204224⟩.

auch dazu beitragen, Tzu Chis Bemühungen und Ideale in
wohlhabenden Ländern bekannt zu machen.

Die Tzu-Chi-Organisation wird wohl nie von GiveWell
empfohlen werden, weil sie mehr daran interessiert ist, Liebe
und Mitgefühl zu verbreiten als nachzuweisen, dass jeder
Dollar möglichst effektiv ausgegeben wurde. Andererseits
hat sie Millionen von Menschen dazu inspiriert, Mitgefühl
zu zeigen. Angefangen hat das alles mit einer einzigen Frau,
die sich dazu entschloss, anderen zu helfen. Es kann kein
Zweifel daran bestehen, dass Cheng Yen im Lauf ihres Lebens außerordentlich viel Gutes bewirkt hat. Sie lebt weiterhin bescheiden in einem Kloster in der Nähe von Hualien
City, wo sie trotz der heißen, feuchten Sommer sogar auf
den Luxus einer Klimaanlage verzichtet. Tzu Chi leistet in
87 Ländern humanitäre Hilfe, doch Cheng Yen hat Taiwan
nie verlassen.

Im Jahr 2012 wurde GiveDirectly zu einer der drei von Give-
Well am stärksten empfohlenen Wohltätigkeitsorganisationen – eine bemerkenswerte Leistung, wenn man bedenkt,
dass diese Einrichtung noch drei Jahre zuvor nicht mehr war
als eine Idee in den Köpfen von vier Studenten des Fachs Internationale Entwicklung in Harvard und am MIT. Michael
Faye, Paul Niehaus, Jeremy Shapiro und Rohit Wanchoo versuchten alle zu verstehen, welche Arten von Entwicklungshilfe funktionieren und welche nicht. Außerdem wollten sie
wissen, für welchen Zweck sie selbst am besten spenden sollten. Sie hegten Zweifel an der Arbeit vieler angestammter
Wohltätigkeitsorganisationen, und sie hatten die Auswirkungen verschiedener Regierungsprogramme in Entwicklungsländern studiert, die armen Menschen einfach Bargeld
in die Hand gedrückt hatten. Vieles wies darauf hin, dass die
Empfänger in der Regel verantwortungsvoll mit dem Geld
umgingen, was zu Einkommenssteigerungen, besserer Ge-

sundheit oder einer besseren Ausbildung ihrer Kinder führte. Zudem fanden die vier heraus, dass es dank verbesserter Zahlungsmöglichkeiten nun erstmals möglich war, extrem armen Menschen Geld auf elektronischem Weg zukommen zu lassen. Es klang äußerst reizvoll, so fast 100 % der eigenen Spende direkt in die Hände der Ärmsten der Armen zu legen. Sie sahen sich daher nach einer Organisation um, die ihr Geld nehmen und es mittels der neuen Technologie weiterleiten würde, doch sie fanden keine Einzige, die so etwas auch nur plante. Faye, Niehaus, Shapiro und Wanchoo vermuteten hinter dieser Zurückhaltung die Angst, durch direkte Spenden den Status quo in Frage zu stellen. Vielleicht war also eine neue, nicht am Erhalt einer aufgeblähten Infrastruktur interessierte Organisation vonnöten.

Die Gruppe hielt es für möglich, dass Geldtransfers das Potenzial hatten, nicht nur eine effektive Weise des Spendens zu sein, sondern auch zum Maßstab für die ganze Branche zu werden. Gäbe man potenziellen Spendern die Möglichkeit der Direkthilfe, würden traditionelle Organisationen beweisen müssen, dass sie ihre zusätzlichen Kosten wert waren – war es beispielsweise gerechtfertigt, Tausende von Dollar für den Transport einer Kuh auszugeben? Die Auswirkungen des direkten Gebens gingen also potenziell über den bloßen Nennwert des gespendeten Geldes hinaus. Zudem würde diese Option eine der häufigsten Begründungen für das Nichtspenden hinfällig machen: die Angst, dass das Geld nie wirklich dort ankommt, wo es gebraucht wird. Diese Ideen erschienen den vier wichtig genug, um etwas zu tun, mit dem sie ursprünglich nicht gerechnet hatten: Sie gründeten ihre eigene Wohltätigkeitsorganisation.

GiveDirectly startete im Jahr 2009 als privater Spendenkreis und begann ab 2011 die öffentliche Suche nach Förderern. Faye, Niehaus, Shapiro und Wanchoo haben versucht, das Ganze genau wie diejenige gemeinnützige Organisation aufzuziehen, die sie im Studium gerne selbst unterstützt hätten. GiveDirectly sagt klipp und klar, was mit dem erhaltenen Geld geschieht, und dokumentiert die Auswirkungen der Geldtransfers genau und transparent. Die Gründer arbeiteten mit unabhängigen Wissenschaftlern zusammen, um eine randomisierte kontrollierte Studie durchzuführen; außerdem kündigten sie diese Studie im Voraus an, um sich selbst die Hände zu binden und so sicherzustellen, dass negative Ergebnisse nicht verheimlicht werden konnten. Zukünftig wollen sie Geldtransfers als denjenigen Maßstab etablieren, mit dessen Hilfe Spender feststellen können, ob die herkömmlichen Ansätze sich überhaupt rechnen.[8]

Ich lernte Henry Spira 1974 kennen, als er an einem Volkshochschulkurs zum Thema »Tierbefreiung« teilnahm, den ich an der New York University abhielt. Er hatte sich fast sein ganzes Leben lang für die Schwachen und Unterdrückten eingesetzt, an Bürgerrechtsmärschen im Süden der USA teilgenommen, afroamerikanische und hispanische Kinder an öffentlichen New Yorker Schulen unterrichtet und, während seiner Zeit als Matrose der Handelsmarine, eine Gruppe unterstützt, die sich mit einem korrupten Gewerkschaftsboss anlegte. Dann ging ein Freund von ihm auf Reisen und hinterließ ihm eine Katze. Es war Henry nie zuvor in den Sinn gekommen, auch nichtmenschliche Tiere zu den Schwachen und Unterdrückten zu zählen, doch diese Katze machte ihn empfänglich für meinen ersten Aufsatz über die Befreiung der Tiere, der ungefähr zu dieser Zeit erschien.[9] Er hörte von meinem Kurs und kam zu allen Sitzungen. Ganz am Ende stand er schließlich auf und fragte die Teilnehmer, ob sie sich weiterhin treffen wollten, aber nicht, um noch

8 Paul Niehaus stellte Informationen für diesen Abschnitt zur Verfügung.
9 Peter Singer, »Animal Liberation«, *New York Review of Books*, 5.4. 1973.

mehr Philosophie zu betreiben, sondern um zu sehen, was man konkret gegen das Leid der Tiere tun könnte, über das wir gesprochen hatten. Acht Personen aus dem Kurs nahmen seine Einladung an, und aus dieser Gruppe ging die erste amerikanische Tierrechtskampagne hervor, der es gelang, eine Reihe von grausamen und unnötigen Tierversuchen zu stoppen. Das war nicht die letzte erfolgreiche Kampagne Henrys, der unter anderem große Kosmetikkonzerne wie Revlon oder Avon davon überzeugte, ihre Produkte nicht länger an Tieren zu testen, womit er unzähligen Millionen von ihnen akute Schmerzen und dauerhaftes Leid erspart hat. Henry starb 1998, aber seine Taktiken wurden von anderen Organisationen übernommen, und sein Einfluss lebt fort.[10]

Eine völlig offene Entscheidung

Welchen Beruf Sie ergreifen sollten, um so viel Gutes wie möglich zu tun, hängt von Ihren Interessen, Ihren Fähigkeiten und Ihrem Charakter ab. Wie gerade gezeigt, kann es sehr viel Gutes bewirken, eine neue Organisation ins Leben zu rufen; man muss allerdings auch den zu erwartenden Nutzen einer solchen Entscheidung bedenken, denn vermutlich werden Sie auf diese Weise nicht so viel erreichen können wie Janina Ochojska, Cheng Yen, die Gründer von GiveDirectly oder Henry Spira. In diesem und dem vorigen Kapitel konnte ich lediglich einige Möglichkeiten skizzieren, die eine Überlegung wert sind, falls Sie in Ihrem Leben möglichst viel Gutes vollbringen wollen.

---

10 Siehe zu den Einzelheiten Peter Singer, *Henry Spira und die Tierrechtsbewegung* (Erlangen: Harald Fischer Verlag, 2001).

6. Einen Teil von sich geben

Im Januar 2013 erhielt ich eine E-Mail, die wie folgt begann:

> In *Leben retten* schreiben Sie, dass Ihres Wissens keiner Ihrer Studenten jemals wirklich eine Niere gespendet hat. Letzten Dienstag habe ich in den utilitaristischen sauren Apfel gebissen: Ich habe meine rechte Niere anonym demjenigen gespendet, der sie am dringendsten brauchte. Auf diese Weise habe ich eine »Nierenkette« in Gang gesetzt, durch die insgesamt vier Menschen Nieren erhielten. Die Idee dazu kam mir in einem Ethikseminar.

Der Verfasser dieser Zeilen ist Chris Croy, ein Student am St. Louis Community College in Meramec (Missouri). Meine Ansichten bezüglich unserer moralischen Verantwortung gegenüber anderen Menschen hätten bei seiner Entscheidung eine Rolle gespielt, auch wenn er nie eine meiner Lehrveranstaltungen besucht habe. Nach der Lektüre meines Aufsatzes »Hunger, Wohlstand und Moral« habe sein Seminar ein Gegenargument von John Arthur diskutiert, der schreibt:

> Ein offensichtliches Mittel, um anderen zu helfen, ist der eigene Körper. Viele Ihrer überzähligen Organe (Auge, Niere) könnte jemand anderes erhalten, was mehr Gutes bewirkte, als wenn Sie diese für sich behielten. Sie würden nicht so gut sehen oder vielleicht nicht so lange leben, aber das ist im Vergleich zum Nutzen für die Organempfänger von untergeordneter Bedeutung. Doch sicherlich ist die Tatsache, dass es Ihr Auge ist und dass Sie es brauchen, nicht ganz unwichtig. Vielleicht gibt es Fälle, in denen man verpflichtet ist, seine Gesundheit oder sein Augenlicht zu opfern, aber es scheint

klar zu sein, dass dies nicht für alle Fälle gilt, in denen etwas (ein wenig) Besseres aus einer solchen Entscheidung resultiert.[1]

Ein anderer Student in Chris' Kurs behauptete, dass wir zwei Nieren zum Leben brauchen, doch Chris wusste es besser. Er erwiderte, das Spenden einer Niere habe keine oder so gut wie keine Auswirkungen auf die eigene Gesundheit und stelle daher nur ein ganz geringes Opfer dar. Den Rest der Stunde dachte Chris darüber nach, was er gerade gesagt hatte – und dann las er alles, was er dazu finden konnte. Als seine Bekannte Chelsea ihm schließlich noch sagte, sie denke daran, eine Niere zu spenden, schien die Idee plötzlich gar nicht mehr so verrückt zu sein. Er nahm seinen Mut zusammen und rief das Krankenhaus an. Chelsea tat das Gleiche, aber eine Untersuchung zeigte, dass sie an einer polyzystischen Nierenerkrankung leidet und daher als Spenderin nicht in Frage kommt. So machte Chris allein weiter und ließ sich die Niere entnehmen. Alles lief glatt, und über ein Jahr später erhielt er eines Morgens einen Anruf von einer unbekannten Nummer. Chris ging ran, und eine fremde Stimme sagte: »Hallo, hier spricht Ihre Niere.« Diese gehörte nun einem 43-jährigen Lehrer, der an einer Schule unterrichtet, die sich hauptsächlich um arme Kinder kümmert.[2] Was Chris sehr gefiel.

Auch Alexander Berger traf eine Entscheidung, die sein Leben verändern sollte, nachdem er in einem Ethikseminar – in seinem Fall an der Stanford University – einiges von mir gelesen und von Zell Kravinskys Spende gehört hatte. »Zu-

1 John Arthur, »Rights and the Duty to Bring Aid«, in: William Aiken, Hugh LaFollette (Hg.), *World Hunger and Moral Obligation* (Upper Saddle River, N.J.: Prentice-Hall, 1996).
2 E-Mails von Chris Croy an den Autor, Januar 2013, März 2014 und April 2014.

erst klang es ein bisschen verrückt«, meinte er, »und nach nichts, mit dem ich mich irgendwie identifizieren konnte«. Er informierte sich dennoch und erfuhr, dass eine Nierenspende relativ ungefährlich ist und der Empfänger einen sehr großen Nutzen daraus zieht. Im Jahr 2014 warteten in den USA erstmals mehr als 100 000 Menschen auf eine Niere, und diese traurige Rekordzahl wächst und wächst. Es kann fünf Jahre dauern, bis man eine Niere erhält, in einigen Bundesstaaten sind es sogar fast 10 Jahre. Im Durchschnitt sterben jeden Tag 14 Personen, die auf der Warteliste stehen; einige von ihnen wären auch gestorben, wenn sie eine Niere bekommen hätten, daher ist die Anzahl der durch den Mangel an Spendernieren bedingten Todesfälle zwar geringer, aber dennoch erheblich. Die meisten Menschen auf der Liste müssen sich zudem einer Dialyse unterziehen und haben eine verringerte Lebenserwartung. Eine neue Niere beschert ihnen im Durchschnitt ein etwa 10 Jahre längeres Leben sowie eine stark verbesserte Lebensqualität.[3]

Auf Grundlage dieser Informationen konnte sich Alexander das Spenden einer Niere langsam, aber sicher vorstellen. Als er Freunde und Familie einweihte, hielten die es zwar für einen verrückten Akt der Selbstaufopferung, doch er bestand darauf, dass es nur »eine der vielen Möglichkeiten ist, wie eine einigermaßen selbstlose Person anderen helfen kann«. Er spendete seine Niere im Alter von 21 Jahren und setzte damit eine Kette von sechs Spenden in Gang.[4] (Diese

---

3 Sally Satel, »Why People Don't Donate Their Kidneys«, in: *New York Times*, 3. 5. 2014; Living Kidney Donors Network, ⟨http://www.lkdn. org/kidney_tx_waiting_list.html⟩.
4 Die Zitate stammen aus Alexanders per Video übertragenen Bemerkungen an meine Klasse an der Princeton University, 4. 11. 2013 (die Aufzeichnung ist Teil des Kurses »Praktische Ethik«, der von Coursera im Jahr 2014 angeboten wurde), und aus Alexander Berger, »Why Selling Kidneys Should Be Legal«, *New York Times*, 5. 12. 2011.

Ketten lösen das Problem, das auftritt, wenn jemand Organspender für einen geliebten Menschen werden will, aber nicht mit diesem kompatibel ist: A möchte an B spenden, kann es aber nicht; C möchte an D spenden, kann es aber ebenfalls nicht. Können A an D und C an B spenden, dann ist es einfach, einen Austausch zu organisieren. Funktioniert jedoch auch das nicht, wird erst die Bereitschaft eines altruistischen Spenders, irgendjemand Passendem eine Niere zu überlassen, das Ganze ins Rollen bringen.) Alexander ist noch in anderen Lebensbereichen effektiver Altruist. Da er für GiveWell arbeitet, trägt seine berufliche Tätigkeit dazu bei, nachweislich effektive Wohltätigkeitsorganisationen ausfindig zu machen. Außerdem spendet er genau diesen Organisationen dann etwa 15-20 % seines Einkommens.

Chris Croys effektiver Altruismus geht ebenfalls über seine Nierenspende hinaus. Er lebt aus moralischen Gründen vegan, aber weil sein vorrangiges Ziel die Verringerung von Leid ist, kümmert er sich nicht besonders darum, ob sein Essen beispielsweise Spuren von Milch oder Eiern enthält. Das kommt ihm wie Zeitverschwendung und zudem kontraproduktiv vor: Nimmt man es damit zu genau, wirkt das auf Nichtveganer abschreckend und bewirkt so mehr Leid, als es verhindert. Als Student kann er im Moment zwar noch kein Geld spenden, hat es aber vor. In der Tat zog er in seiner E-Mail einen überraschenden Vergleich zwischen einer Nieren- und einer Geldspende:

Ich glaube nicht, dass ich etwas außergewöhnlich Gutes getan habe. Eine Niere von einem Lebendspender arbeitet in der Regel nur noch etwa 25 Jahre lang. Selbst wenn ich die Lorbeeren für die gesamte Kette einheimsen dürfte (weil es sie ohne mich nicht gegeben hätte), reden wir hier immer noch über gerade mal 100 Jahre – anderthalb Menschenleben. GiveWell.org zufolge kostet es etwa 2500 Dollar, ein Menschenleben zu retten, also bewirkt man meiner Meinung

nach mit einer Spende von 5000 Dollar zur Malariabekämpfung mehr Gutes als mit vier Spendernieren. Absolut niemand, dem ich das so erklärt habe, stimmt mir zu. Was denken Sie?
So oder so bin ich erst 24, also habe ich noch genügend Zeit,
um Dinge zu tun, die *wirklich* richtig gut sind.

Ich spende zwar wesentlich mehr als 5000 Dollar im Jahr,
aber meine beiden Nieren habe ich noch. Sich im Krankenhaus ohne Not einer Operation zu unterziehen, die zwar
nur ein kleines, aber dennoch vorhandenes Risiko birgt,
und zwar, um einem Unbekannten zu helfen – das bedeutet für mich, Altruismus auf einem sehr hohen Niveau zu
praktizieren. Daher ist es besonders beeindruckend, dass
die Zahl der dazu bereiten Menschen beständig zunimmt
(auch wenn es sich immer noch um relativ wenige handelt).
Zusammen mit Blut- und Knochenmarkspenden, die
heute alltäglich das Leben vieler Patienten retten, zeigt die
ungerichtete Organspende (so die offizielle Bezeichnung),
dass ein beträchtlicher Teil der Bevölkerung altruistisch
ist – und das ist eine Form von Altruismus, für die man kein
Geld braucht. Mehr als sechs Millionen Menschen haben
sich bei der US-amerikanischen Knochenmarkspenderdatei registriert, und weltweit gibt es etwa elf Millionen potenzielle Spender.[5] Eine Knochenmarkspende wird unter Vollnarkose durchgeführt; der Spender hat im Anschluss noch
ein oder zwei Tage leichte Schmerzen. Seit kurzem gibt es
allerdings ein alternatives Verfahren zur Gewinnung von
Stammzellen aus Spenderblut, das keine Narkose erfordert

5 T. Bergstrom, R. Garratt, D. Sheehan-Connor, »One Chance in a Million. Altruism and the Bone Marrow Registry«, in: *American Economic Review* 99 (2009), S. 1310.

und in der Mehrzahl der Fälle die gleiche Funktion erfüllt.

Blut-, Knochenmark- und Stammzellenspenden sind relativ einfache Formen des effektiven Altruismus, und da die Zellen sich schnell regenerieren, können solche leichten Eingriffe zum festen Bestandteil eines altruistischen Lebens werden. Die Spende eines nichtregenerativen Organs wurde dagegen lange völlig anders bewertet. Noch im Jahr 2001 waren altruistische Nierenspenden so selten, dass ein Artikel in der Fachzeitschrift *Transplantation* sich gegen die Diagnose »Psychopathologie« wandte, mit dem das Krankenhauspersonal im Regelfall jeden begrüßte, der einem Fremden ein Organ spenden wollte. Die Autoren hielten es für nötig zu betonen, dass »die Sorge um andere durch echtes Mitgefühl motiviert sein kann und weder manipulativ eigennützig noch einer Psychopathologie entsprungen sein muss«.[6] Auch Zell Kravinsky, der 2003 einem Fremden eine Niere überließ, musste das Krankenhaus noch von seinen lauteren Absichten überzeugen. Dazu Radi Zaki, Direktor des Zentrums für Nierenerkrankungen am Albert Einstein Medical Center in Philadelphia: »Wir haben es ihm schwer gemacht. Wir hielten ihn hin, wir entmutigten ihn. Je ungeduldiger er wurde, desto mehr habe ich ihn hingehalten. Man musste sichergehen, dass er es ernst meint.«[7]

Inzwischen kommen die Dinge aber in Bewegung. Eine gemeinnützige Organisation, das United Network for Organ Sharing, verwaltet das US Organ Procurement and Transplantation Network. Dieses wiederum sammelt seit 1988 Da-

---

6 M. A. Landolt et al., »Living Anonymous Kidney Donation«, *Transplantation* 71 (2001), S. 1690-1696; diesen Hinweis verdanke ich Sue Rabbitt Roff, »Self-Interest, Self-Abnegation and Self-Esteem. Towards a New Moral Economy of Non-directed Kidney Donation«, in: *Journal of Medical Ethics* 33 (2007), S. 437-441.
7 Ian Parker, »The Gift«, *New Yorker*, 2. 8. 2004, S. 61.

ten lebender, »nicht verwandter, anonymer Spender«. In den ersten 10 Jahren gab es genau eine einzige Spende dieser Art. 1998 waren es dann drei, 1999 sechs und im Jahr 2000 schon 21. Der Trend wies weiter nach oben, und 2008 gab es über 100 Spender. Im Jahr 2013, dem letzten Jahr, für das zum Zeitpunkt der Abfassung dieses Buches Informationen vorliegen, gab es 174 solcher Spenden, und insgesamt wurden seit Beginn der Aufzeichnungen 1490 Organe anonym gespendet.[8]

In Großbritannien waren altruistische Nierenspenden bis 2006 verboten. Wer nicht mit dem Empfänger verwandt war, musste sich an das zuständige Amt wenden, die Unrelated Living Transplants Regulatory Authority. Ein Beamter der Behörde schrieb:

> Unsere Aufgabe bestand darin, uns immer zu versichern, dass für den Spender »etwas dabei heraussprang«. [...] Sahen wir nicht, was er davon hatte, mussten wir die »Aufrichtigkeit« seiner Motive prüfen und kamen gelegentlich zu dem Schluss, dass er ungebührlich unter Druck gesetzt worden war.[9]

In den ersten beiden Jahren nach der Legalisierung gab es 25 freiwillige Spender, eine Zahl, die ein Sprecher der Human Tissue Authority damals »bemerkenswert« nannte.[10] Bis zum Jahr 2013 ist diese Zahl auf 117 angestiegen, was bedeutet, dass der Anteil derjenigen, die einem ihnen Unbe-

8 Datenbank des U.S. Department of Health and Human Services Organ Procurement and Transplantation Network, mit Dank an Denise Tripp von United Network for Organ Sharing, die mir geholfen hat, die Daten zu extrahieren. Verfügbar auf: ⟨http://optn.transplant. hrsa.gov/latestData/rptData.asp⟩.
9 Sue Roff, »We Really Need to Talk About Altruism«, unveröffentlicht, o.J.
10 »Stranger Kidney Donations Rising«, BBC News, 23.6.2009, ⟨http:// news.bbc.co.uk/1/hi/health/8114688.stm⟩.

kannten eine Niere spenden, in Großbritannien dreimal höher ist als in den USA (wo ja fünfmal so viele Menschen leben).[11]

11 Di Franks, »Altruistic Kidney Donation in the UK«, 3.4.2011, ⟨http://livingkidneydonation.co.uk/altruistic-kidney-donation-in-the-uk.htm⟩, sowie »Altruistic Kidney Donation Statistics«, 12.3. 2014, ⟨http://livingkidneydonation.co.uk/author/Diane-2⟩. Weitere Informationen lieferte Paul van den Bosch von Give a Kidney, ⟨http://www.giveakidney.org⟩. Die Zahlen für Großbritannien beziehen sich auf das Geschäftsjahr, das am 1. April beginnt und am 31. März des Folgejahres endet. Zahlen für die USA beziehen sich auf das Kalenderjahr.

III. Motivation und Rechtfertigung

7. Reicht Liebe aus?

Wir haben nun einen Eindruck davon gewonnen, was effektive Altruisten tun. Sie spenden für karitative Einrichtungen, die nicht an ihr Gefühl appellieren, sondern nachweisen, dass sie Spenden kosteneffektiv einsetzen, um Leben zu retten und Leiden zu lindern. Um mehr Gutes tun zu können, leben sie sparsam oder schlagen eine Laufbahn ein, die ihnen viel Geld zum Spenden lässt oder in der sie sich auf andere Art nützlich machen können. Vielleicht spenden sie auch Blut, Stammzellen, Knochenmark oder sogar eine Niere. Kurz gesagt: Das Wohl anderer liegt effektiven Altruisten so am Herzen, dass sie bereit sind, ihr Leben umzukrempeln.

Was treibt diese Menschen an? Gruppendruck ist es offensichtlich nicht. Die Leute, die wir kennengelernt haben, ragen gerade deshalb heraus, weil sie sich über gesellschaftliche Vorstellungen hinwegsetzen – und diese in einigen Fällen sogar weit hinter sich lassen. Vielleicht kommt einem als Erklärung zuallererst jene Art von universeller Liebe in den Sinn, von der so häufig die Rede ist: *All we need is love*, heißt es dann, oder dass wir alle Brüder und Schwestern sind. Ist es plausibel, dass effektive Altruisten von dieser allumfassenden Liebe motiviert werden?

David Hume, der ein scharfsinniger Beobachter seiner Mitmenschen war, schrieb im 18. Jahrhundert: »Im allgemeinen kann behauptet werden, daß sich im Menschengeist der Affekt der Nächstenliebe als solcher, abgesehen von persönlichen Eigenschaften, von Diensten, die uns geleistet wurden, oder von Beziehungen zu uns selber, nicht findet.«[1]

---

1 David Hume, *Ein Traktat über die menschliche Natur* (Hamburg: Meiner, 2013), Bd. 2, S. 559.

Über ein Jahrhundert später stellte Darwin mit seiner Evolutionstheorie diese Einsicht Humes auf eine wissenschaftliche Grundlage. Heute ist uns klar, dass wir das Ergebnis eines langen Prozesses der genetischen Selektion sind, der diejenigen eliminierte, die nicht in der Lage waren zu überleben und ebenso tüchtigen Nachwuchs zu zeugen. Die Liebe zu denjenigen, die in »Beziehungen zu uns selber« stehen, also zu unseren Verwandten, lässt sich ganz einfach evolutionär erklären, da sie für das Überleben von Genen sorgt, die unseren ähneln. Die Liebe zu denen, mit denen wir in einer kooperativen Beziehung stehen oder die uns, in Humes Worten, »Dienste leisten«, ist erklärbar, weil solche Beziehungen für alle Beteiligten von Vorteil sind. Vom Evolutionsprozess würde man jedoch eigentlich erwarten, dass er diejenigen aussiebt, die *alle* Menschen genauso sehr lieben und unterstützen wie ihre Verwandten und Bekannten.

Frans de Waal, der sein Leben lang das Sozialverhalten unserer engsten nichtmenschlichen Verwandten erforscht hat, weist darauf hin, dass die Moral wahrscheinlich innerhalb von Gruppen entstand, und zwar zusammen mit anderen, damit verbundenen Fähigkeiten zur Lösung von Konflikten, zur Zusammenarbeit und zum Teilen. Doch diese Spur führt uns nicht zu der universellen Art von Nächstenliebe, die effektive Altruisten praktizieren; de Waal zufolge ist das Gegenteil der Fall: »Menschen behandeln Fremde generell viel schlechter als Mitglieder ihrer eigenen Gemeinschaft: De facto scheinen moralische Regeln für Außenstehende kaum zu gelten.«[2] Zwei weitere starke Befürworter der Ansicht, die Gruppenselektion spiele eine Schlüsselrolle für das Entstehen des Altruismus, Elliott Sober und David Sloan Wilson, kommen zum selben Schluss: »Die Gruppenselek-

2 Frans de Waal, *Primaten und Philosophen* (München: Hanser, 2008), S. 73.

tion begünstigt das Nettsein innerhalb der Gruppe und die Gemeinheit zwischen Gruppen.«[3]

Vielleicht ist es nicht die Liebe, die effektive Altruisten motiviert, sondern die Empathie, also die Fähigkeit, sich in andere hineinzuversetzen und sich mit ihren Gefühlen oder Emotionen zu identifizieren? Autoren wie de Waal oder Jeremy Rifkin halten diesen Gedanken, um noch einmal Ersteren zu zitieren, für »das große Thema unserer Zeit«.[4] Rifkin glaubt, dass der Zivilisationsprozess die Reichweite der Empathie über Familie und Gemeinschaft hinaus erweitert hat, sodass nun die ganze Menschheit dazugehört.[5] Auch Barack Obama ist der Meinung, wir sollten mehr über »unser Empathie-Defizit« sprechen.[6] Kurz nachdem er zum Präsidenten der Vereinigten Staaten gewählt worden war, erhielt er den Brief eines jungen Mädchens, das darin ein Verbot unnötiger Kriege vorschlug. Obama antwortete Folgendes: »Wenn Du nicht schon weißt, was es bedeutet, dann möchte ich, dass Du das Wort ›Empathie‹ im Wörterbuch nachschlägst. Ich glaube, in unserer heutigen Welt gibt es nicht genug Empathie, und es ist an Deiner Generation, das zu ändern.«[7]

Wenn das Mädchen Obamas Rat befolgt hat und zufällig

3 Sober und Wilson, *Unto Others: The Evolution and Psychology of Unselfish Behavior* (Cambridge: Harvard University Press, 1998), S. 9.

4 Frans de Waal, *Das Prinzip Empathie* (München: Hanser 2011), S. 9.

5 Jeremy Rifkin, *Die empathische Zivilisation* (Frankfurt/M.: Campus, 2010).

6 Barack Obama, »Commencement Address at Northwestern University«, Northwestern News Service, 22.6.2006. Ich verdanke den Hinweis de Waal, *Das Prinzip Empathie*, S. 9.

7 »Pinay Girl Writes to Obama, Gets Response«, ⟨http://www.philstar.com/news-feature/413043/pinay-girl-writes-obama-gets-response⟩; ich verdanke den Hinweis Paul Bloom, »The Baby in the Well. The Case Against Empathy«, in: *New Yorker*, 20.5.2013. Zu vielen weiteren Beispielen, in denen sowohl Barack als auch Michelle Obama auf die Empathie Bezug nehmen, siehe ⟨http://cultureofempathy.com/Obama/VideoClips.htm⟩.

das *Oxford online dictionary* verwendete, dann fand sie dort die folgende Definition von Empathie: »Die Fähigkeit, die Gefühle anderer zu verstehen und zu teilen.« Die Unterscheidung zwischen dem Verstehen und dem Teilen von Gefühlen ist wichtig. Der *Interpersonal Reactivity Inventory*, ein psychologischer Test zur Einschätzung der Empathiefähigkeit, misst vier verschiedene Komponenten:

1. *Empathische Sorge* ist die Tendenz, Gefühle von Herzlichkeit, Mitleid und Sorge um andere Menschen zu erfahren;
2. *persönliche Qual* ist das eigene Gefühl von Unruhe und Unbehagen angesichts der Emotionen anderer;
3. *Perspektivenübernahme* ist die Tendenz, den Standpunkt anderer Menschen einzunehmen; und
4. *Fantasie* ist die Tendenz, sich vorzustellen, man selbst führe die Handlungen fiktiver Personen aus und erlebe deren Gefühle.

Die ersten beiden Punkte beziehen sich auf das, was man selbst bezüglich anderer fühlt, und sind daher Aspekte der emotionalen Empathie. Die letzten beiden Punkte sind kognitive Aspekte der Empathie: Hier geht es darum zu wissen, wie sich etwas für jemand anderen anfühlt.[8]

Emotionale Empathie ist meist eine gute Sache, aber sie ist in der Regel dann am stärksten, wenn wir uns mit einer bestimmten Person identifizieren und eine Beziehung zu ihr herstellen können. Menschen spenden eher für hungrige Kinder, wenn sie ein Foto von einem der Kinder gezeigt be-

8 Siehe M. H. Davis, »Measuring Individual Differences in Empathy. Evidence for a Multidimensional Approach«, in: *Journal of Personality and Social Psychology* 44 (1983), S. 113-126. Diesen Hinweis verdanke ich Ezequiel Gleichgerrcht, Liane Young, »Low Levels of Empathic Concern Predict Utilitarian Moral Judgment«, *PLOS ONE* 8 (2013): e60418.

kommen und dessen Namen und Alter erfahren. Sagt man ihnen, dass es Tausende von Kindern gibt, die Hilfe brauchen, sinkt ihre Spendenbereitschaft.[9] Wir können *kognitive* Empathie für Tausende von Kindern empfinden, aber es ist sehr schwer, *emotionale* Empathie für Menschen aufzubringen, die wir aufgrund ihrer Zahl nicht einmal als Individuen wahrnehmen können.

Der effektive Altruismus ist nicht auf diejenige Art von starker emotionaler Empathie angewiesen, die Menschen für einzeln identifizierbare Personen empfinden, und er kann sogar zu entgegengesetzten Schlüssen führen. In einer Studie wurde den Teilnehmern das Foto eines Kindes zusammen mit dessen Namen und Alter gezeigt. Als Nächstes informierte man sie darüber, dass das Leben des Kindes nur durch ein noch zu entwickelndes, etwa 300 000 Dollar teures Medikament gerettet werden könne und dass ein Fonds eingerichtet worden war, um Geld dafür zu sammeln. Schließlich wurden sie zum Spenden aufgefordert. Einer zweiten Gruppe zeigte man Fotos, Namen und Alter von acht Kindern. Diesen Probanden wurde gesagt, dass man *alle* Kinder mit einem (insgesamt ebenfalls) 300 000 Dollar teuren Mittel retten könne, und auch sie wurden um Spenden gebeten. Diejenigen, die nur ein einzelnes Kind sahen, gaben mehr als diejenigen, die acht Kinder gezeigt bekamen, was vermutlich daran liegt, dass man leichter mit einem als mit acht Kindern sympathisieren kann.[10] Effektive Altruisten finden dieses Ergebnis absurd, und wenn die emotionale Empathie dafür verantwortlich ist, dann umso schlimmer für diese. Sie achten sehr genau darauf, zu welchem Preis wie viele Men-

9 Paul Slovic et al., »Psychic Numbing and Mass Atrocity«, in: Eldar Shafir (Hg.), *The Behavioral Foundations of Public Policy* (Princeton: Princeton University Press, 2013), S. 126-142.
10 Tehila Kogut, Ilana Ritov, »The ›Identified Victim‹ Effect. An Identified Group, or Just a Single Individual?«, in: *Journal of Behavioral Decision Making* 18 (2005), S. 157-167.

schen gerettet oder wie viele Jahre des Leids verhindert werden können. Stehen ihnen 10 000 Dollar zur Verfügung, überlassen sie diese lieber einer Organisation, die ein Leben für 2000 Dollar rettet, als einer, die dafür 5000 Dollar benötigt, denn sie retten lieber fünf anstelle von nur zwei Menschenleben.

Geht es Ihnen wie den Teilnehmern der Studie? Dem an der Yale University forschenden Psychologen Paul Bloom zufolge werden die meisten diese Frage bejahen, wenn sie sich in die Probanden hineinversetzen. Angenommen, Sie hören von einem Erdbeben oder Wirbelsturm in einem abgelegenen Teil der Welt, der offenbar 2000 Todesopfer gefordert hat, und diese Nachricht macht Sie traurig. Später erfahren Sie, dass nicht 2000, sondern 20 000 Menschen ums Leben kamen. Vielleicht fühlen Sie sich nun noch etwas schlechter, aber es ist unwahrscheinlich, dass Sie sich auch nur annähernd zehnmal so schlecht fühlen werden.[11]

Wie wir gesehen haben, muss ein effektiver Altruist kein Utilitarist sein; nichtsdestotrotz stimmt er in vielen Moralurteilen mit diesem überein. Insbesondere glauben beide, dass wir – *ceteris paribus* – so viel Gutes wie möglich tun sollten. Eine Studie zur Rolle von Emotionen bei moralischen Entscheidungen konfrontierte die Teilnehmer mit so genannten Trolley-Problemen. In diesen Gedankenexperimenten geht es meist um einen führerlosen Eisenbahnwaggon (*trolley*), der beispielsweise auf einen Tunnel zurast, in dem sich fünf Personen befinden. Alle fünf werden sterben, wenn man den Waggon nicht auf ein Nebengleis umleitet, auf dem eine einzelne Person steht, die dann getötet werden wird. In einer anderen Version des Dilemmas können die fünf Leute nur gerettet werden, indem man einen dicken Mann von einer Brücke auf die Gleise stößt – er wird ster-

---

11 Bloom, »The Baby in the Well«.

ben, aber das Gefährt aufhalten und die fünf so retten. Drei verschiedene Experimente kamen zu dem gleichen Ergebnis: Diejenigen, die durchweg utilitaristische Urteile fällten, hatten geringere Werte in der Kategorie der empathischen Sorge als jene, die nichtutilitaristische Urteile abgaben. Die empathische Sorge ist – wie gesagt – ein Aspekt der emotionalen Empathie. Bei anderen Aspekten der Empathie, darunter auch die persönliche Qual und die Perspektivenübernahme, reagierten beide Gruppen gleich, und auch demografische oder kulturelle Unterschiede, einschließlich Alter, Geschlecht, Bildung und Religiosität, spielten keine Rolle.[12]

Eine weitere Trolley-Studie nutzte Virtual-Reality-Technologie, um den Teilnehmern ein besseres Gefühl für eine Situation zu geben, in der sie entscheiden mussten, ob sie den Schalter umlegen und den Waggon damit auf das Nebengleis leiten wollten, um so die eine Person zu töten, aber die übrigen fünf zu retten. Während die Probanden ihre Wahl trafen, maßen die Experimentatoren deren Hautwiderstand. Haut leitet den Strom umso besser, je feuchter sie ist; Feuchtigkeit deutet auf leichtes Schwitzen hin, was wiederum ein Zeichen für emotionale Erregung ist. Wie sich zeigte, waren Probanden, die utilitaristische Entscheidungen trafen, emotional weniger erregt.[13]

Beide Ergebnisse deuten stark darauf hin, dass Utilitaristen seltener emotionale Empathie empfinden als andere, und es ist unwahrscheinlich, dass es bei effektiven Altruisten völlig anders sein sollte. Zumindest sind ihre altruistischen

---

12 Gleichgerrcht, Young, »Low Levels of Empathic Concern«, e60418. Zu einem unterhaltsamen Überblick über die Trolley-Probleme siehe David Edmonds, *Würden SIE den dicken Mann töten? Das Trolley-Problem und was uns Ihre Antwort über Richtig und Falsch verrät* (Ditzingen: Reclam 2015).
13 C. D. Navarrete et al., »Virtual Morality. Emotion and Action in a Simulated Three-Dimensional ›Trolley Problem‹«, in: *Emotion* 12 (2011), S. 364-370. Ich verdanke diesen Hinweis Gleichgerrcht und Young.

Handlungen wohl nicht darauf zurückzuführen, dass sie ein *größeres* emotionales Einfühlungsvermögen haben als Menschen, die nicht altruistisch handeln.

Allen, die glauben, die Welt brauche ganz dringend mehr Empathie, antwortet Bloom so:

> Unsere größte Chance auf eine bessere Zukunft liegt nicht darin, die Leute dazu zu bringen, die ganze Menschheit als eine große Familie zu betrachten – das ist unmöglich. Sie liegt stattdessen in einer Würdigung der Tatsache, dass das Leben weit entfernt lebender, uns unbekannter Menschen denselben Wert hat wie das Leben derjenigen, die wir lieben – auch wenn wir mit Ersteren nicht genauso sympathisieren.[14]

Die effektiven Altruisten aus den vorangegangenen Kapiteln scheinen überwiegend zu letzterer Kategorie zu gehören und genau darauf zu achten, wie vielen Menschen sie helfen können. Damit soll nicht geleugnet werden, dass sie Empathie für diese Menschen empfinden – aber Empathie ist nicht das, was sie von anderen, weniger altruistischen Menschen unterscheidet. Bloom diskutiert eine der bereits erwähnten Studien und macht dabei eine Beobachtung, die eine ganz andere Erklärung für unsere Fähigkeit zur Nächstenliebe nahelegt: »Falls uns die Zahlen überhaupt etwas bedeuten, liegt das nicht an der Empathie, sondern an der Vernunft.«

Den stärksten Einwand gegen die Behauptung, die Vernunft spiele eine entscheidende Rolle für die Motive effektiver Altruisten, stellt Humes einflussreiche Ansicht dar, nur ein Affekt oder eine Begierde könne eine Handlung auslösen, die Vernunft dagegen niemals. Sie gipfelt in seinem berühmten Ausspruch »Die Vernunft ist nur der Sklave der Affekte und soll es sein«. Im modernen Sprachgebrauch

14 Bloom, »The Baby in the Well«.

nennt man das eine instrumentelle Sicht der Vernunft: Diese hilft uns dabei, das zu bekommen, was wir wollen, aber sie kann uns nicht sagen, was das letztlich sein soll. Um glaubhaft machen zu können, dass die Vernunft eine entscheidende Rolle für die Motivation effektiver Altruisten spielt, müssen wir diese instrumentelle Perspektive auf die praktische Vernunft zurückweisen.

Zu diesem Zweck können wir Humes Diktum ein anderes berühmtes Zitat gegenüberstellen, das von Immanuel Kant stammt: »Zwei Dinge erfüllen das Gemüth mit immer neuer und zunehmender Bewunderung und Ehrfurcht, je öfter sich das Nachdenken damit beschäftigt: *der bestirnte Himmel über mir, und das moralische Gesetz in mir.*«[15] Kant hält das moralische Gesetz für ein Gesetz der Vernunft, aber er behauptet, dass das Nachdenken darüber Gefühle aufkommen lässt. Leider erklärt er nicht, wie die ewigen Wahrheiten der Vernunft in uns empirischen Wesen Gefühle hervorrufen können, und daher mag Humes Sichtweise doch als die einzig vernünftige erscheinen.

Henry Sidgwick, der letzte der großen Utilitaristen des 19. Jahrhunderts (nach Jeremy Bentham und John Stuart Mill), teilte Kants Überzeugung von der rationalen Grundlage der Ethik, tat aber mehr als dieser, um daraus eine plausible Form der Motivation zu entwickeln. Sidgwick glaubte an selbstevidente moralische Grundprinzipien oder Axiome, die wir durch Nachdenken erfassen können. Für unsere Zwecke sind zwei Grundprinzipien am wichtigsten. Das erste lautet folgendermaßen:

Das Gute irgendeines Individuums, vom Standpunkte gewissermaßen des Universums aus, [hat] nicht mehr Bedeutung [...] als das jedes andern, es sei denn, daß besondere

---

15 Immanuel Kant, *Kritik der praktischen Vernunft*, AA V 161.

Gründe zu der Annahme vorhanden wären, daß in dem einen Falle mehr Gutes als im andern verwirklichungsfähig wäre.

Dieser Aussage fügt Sidgwick eine weitere hinzu. Nun geht es darum, wonach ein vernünftiges Wesen streben sollte:

> Für mich als vernünftiges Wesen aber ist es klar, daß ich zum Streben nach dem Guten im allgemeinen verpflichtet bin – soweit es durch mein Bemühen erreichbar ist –, nicht allein nach einem besonderen Teile davon.

Aus den beiden Prinzipien leitet er seine »Maxime des Wohlwollens in einer abstrakten Form« ab:

> Jeder ist moralisch verpflichtet, das Wohl jedes andern Individuums als das seine anzusehen, wenn er es nicht, unparteiisch betrachtet, für geringer oder weniger sicher erkennbar oder erreichbar halten muß.[16]

Diese Maxime – und im Übrigen auch die beiden Prinzipien, aus denen Sidgwick sie gewinnt – erinnert stark an das Prinzip, das Bloom anstelle einer Erweiterung unserer Empathiefähigkeit vorschlug. Wie wir in den vorigen Kapiteln sahen, ist es zudem genau diejenige Art von Prinzip, die dafür empfängliche Menschen dazu anleiten würde, gerade so zu handeln, wie es effektive Altruisten tun. Sidgwick denkt, diese Urteile führten zu einem »Diktat der Vernunft«, womit er meint, dass sie uns zum Handeln motivierten, wenn wir völlig rational wären. Doch Menschen sind nicht völlig rational. Auch wenn wir dieses Diktat der Vernunft aner-

---

16 Henry Sidgwick, *Die Methoden der Ethik*, (Leipzig: Klinkhardt, 1909), Bd. 2, S. 173 f. Die folgende Darstellung von Sidgwicks Ansicht, wie ethische Urteile motivieren können, stützt sich auf Katarzyna de Lazari-Radek, Peter Singer, *The Point of View of the Universe* (Oxford: Oxford University Press, 2014).

kennen und daher ein Motiv haben, so zu handeln, wie die Maxime des Wohlwollens es verlangt, werden wahrscheinlich noch andere Motive im Spiel sein, von denen einige die Maxime unterstützen, andere hingegen mit ihr in Konflikt geraten. Unter den unterstützenden Motiven werden wir »Sympathie und philanthropischen Enthusiasmus« finden, worunter Sidgwick wohl so etwas versteht wie Empathie, zu den gegensätzlichen Motiven dürften Rassismus, Nationalismus und Egoismus zählen. Jemandem, der einsieht, dass es vernünftiger ist, dem Wohl aller anstatt nur demjenigen einer kleineren Gruppe zu dienen, dürfte es aber »schändlich« vorkommen, eigennützig zu handeln und die Interessen anderer zu missachten. Dies wird ein Unbehagen erzeugen, das Sidgwick »die normale emotionale Begleiterscheinung oder Ausdrucksweise« derjenigen Erkenntnis nennt, dass das Wohl des Ganzen – das heißt, aller – dem Wohl eines Teils – das heißt, meinem Wohl – vorzuziehen ist. Wir halten uns gern für vernünftig, und daher kann die Erkenntnis, unvernünftig zu handeln, unsere Selbstachtung gefährden.[17] Sidgwick sagt jedoch wohlgemerkt nicht, dass Menschen, denen klar wird, wie wichtig es ist, zum Wohl des Ganzen zu handeln, die emotionale Motivation fehlt. Im Gegenteil: Er denkt, dass gerade diese Erkenntnis eine emotionale Reaktion bei ihnen auslöst. Wenn das stimmt, dann kann die Vernunft zumindest bei Personen, denen ihre Selbstachtung etwas bedeutet, ein Gefühl oder eine Leidenschaft hervorrufen und Humes Diktum von der Vernunft als der Sklavin der Affekte so auf den Kopf stellen.

17 Sidgwick, *Die Methoden der Ethik*, Bd. 1, S. 47f., Bd. 2, S. 280f.

8. Eine von vielen

Bernard Williams war der Ansicht, dass Menschen nicht die Art von Wesen sind, die »den Standpunkt des Universums« einnehmen können:

> Die Schwierigkeit besteht darin [...], dass moralische Haltungen, und tatsächlich auch andere Loyalitäten und Verpflichtungen, eine bestimmte Tiefe oder Dichte besitzen; insbesondere derjenige, der sie besitzt, kann sie nicht einfach als Vorrichtungen zur Erzeugung von Handlungen oder Sachverhalten betrachten. Solche Haltungen und Verpflichtungen werden charakteristischerweise das sein, was unserem Leben einen gewissen Sinn verleiht und uns einen Grund gibt, es zu leben. [...] Es gibt einfach keinen denkbaren Weg, auf dem ich völlig aus mir heraustreten und dann von diesem Standpunkt aus *in toto* die Haltungen, Projekte und Gefühle bewerten könnte, die die Substanz meines eigenen Lebens bilden.[1]

Effektive Altruisten scheinen geschafft zu haben, was Williams für unmöglich hielt, denn sie sind in der Lage, sich von den persönlicheren Beweggründen zu distanzieren, die unser Leben normalerweise dominieren. Zwar lösen sie sich nicht völlig davon, aber dennoch macht diese Distanz einen großen Unterschied für ihre Lebensweise und basiert auf

1 Bernard Williams, »The Point of View of the Universe. Sidgwick and the Ambitions of Ethics«, in: *Cambridge Review*, 07. 5. 1982, S. 191; wiederabgedruckt in: ders., *The Sense of the Past. Essays in the History of Philosophy*, hg. von Myles Burnyeat (Princeton: Princeton University Press, 2006). Eine neuere Verteidigung einer ähnlichen Ansicht findet man bei Stephen Asma, *Against Fairness* (Chicago: University of Chicago Press, 2012). Auf S. 183, Fn. 22, bekennt Asma, in Williams' Schuld zu stehen.

einem Denken, das ziemlich stark von ihren eigenen »Haltungen, Projekte[n] und Gefühle[n]« abstrahiert. Hier sind einige häufig genannte Haltungen und Gefühle, die effektive Altruisten *nicht* als gute Gründe zum Spenden gelten lassen:

- Ich spende für die Brustkrebsforschung, weil meine Frau an Brustkrebs gestorben ist.
- Ich wollte immer Künstler werden, bekam aber nie die Chance dazu. Daher gebe ich jetzt solchen Organisationen mein Geld, die vielversprechende Künstler fördern.
- Ich bin begeisterte Naturfotografin, also spende ich, um unsere wunderschönen Nationalparks zu erhalten.
- Weil ich Amerikaner bin, unterstütze ich zuallererst einmal sozial benachteiligte Amerikaner.
- Ich liebe Hunde, daher spende ich für das Tierheim in meiner Nähe.

Der »Standpunkt des Universums« wirkt sich auf das Verhalten unterschiedlicher Personen unterschiedlich aus. Vielleicht spielt es eine Rolle, dass viele effektive Altruisten sich schon in jungen Jahren ein Lebensziel setzten, also noch bevor sie sich zu sehr auf konkrete Vorhaben konzentrierten oder enge persönliche Bindungen zu Menschen eingingen, die ihre Werte nicht teilen. Im Kleinkindalter können wir noch nicht vernünftig denken, reagieren aber emotional auf viele verschiedene Dinge. Sobald wir anfangen, nachzudenken, verallgemeinern wir und ziehen Schlüsse aus denjenigen Situationen, die für uns bereits emotional aufgeladen sind. Dennoch ist die Vernunft keine bloße Sklavin der Affekte, sondern verändert diese und gibt ihnen eine neue Richtung. So kann sie entscheidenden Anteil an dem Prozess haben, der uns schließlich moralisch handeln lässt. Wenn unsere Fähigkeit zum vernünftigen Denken ausschlaggebend für die Entscheidung zu einem ethischen Leben sein kann, dann haben wir eine Lösung für das knifflige Problem gefunden, das der effektive Altruismus ansonsten für die Evolutionstheorie darstellt. Man kann leicht Gründe dafür finden, warum die Fähigkeit zum vernünftigen Denken evolutionär von Vorteil war: Mit ihrer Hilfe lassen sich zahlreiche Probleme lösen, beispielsweise finden wir so leichter Nahrung, geeignete Partner zum Zeugen von Kindern oder für andere kooperative Tätigkeiten, wir entgehen Raubtieren und überlisten unsere Feinde. Lässt die Vernunft uns auch einsehen, dass das Wohl anderer aus einer allgemeineren Perspektive heraus genauso wichtig ist wie unser eigenes, haben wir eine Erklärung dafür, warum effektive Altruisten in Übereinstimmung mit diesen Grundsätzen handeln. Wie unsere Fähigkeit, höhere Mathematik zu betreiben, wäre auch der Gebrauch der Vernunft zum Erkennen grundlegender moralischer Wahrheiten ein Nebenprodukt einer anderen Eigenschaft oder Fähigkeit, für die selektiert wurde, weil sie die reproduktive Fitness verbessert – in der Evolutionstheorie ist so etwas als *Spandrel* bekannt.[2]

Die Hypothese, die Vernunft könne entscheidend dazu beitragen, uns zum altruistischen Handeln zu bewegen, wird noch plausibler, wenn wir uns ansehen, wie effektive Altruisten sich konkret verhalten. Sprechen sie über die Gründe ihres Tuns, dann geht es eher um Einsichten als um Emotionen. Zell Kravinsky zum Beispiel sagte Ian Parker ja, dass viele Menschen seinen Wunsch, eine Niere zu spenden, nicht verstanden, weil sie »keine Ahnung von Mathe haben« Das

---

2 Siehe zu einer vollständigeren Darstellung Katarzyna de Lazari-Radek, Peter Singer, »The Objectivity of Ethics and the Unity of Practical Reason«, in: *Ethics* 123 (2012), S. 9-31; zu einer kritischen Diskussion siehe ⟨http://peasoup.typepad.com/peasoup/2012/12/ethics-discussions-at-pea-soup-katarzyna-de-lazari-radek-and-peter-singer-the-objectivity-of-ethics-1.html⟩, sowie Guy Kahane, »Evolution and Impartiality«, in: *Ethics* 124 (2014), S. 327-341.

war natürlich nicht wörtlich gemeint. Zell wollte darauf hinaus, dass die Leute Folgendes nicht einsahen: Das Risiko, an den Folgen einer Nierenspende zu sterben, beträgt nur 1:4000. Nicht zu spenden bedeute daher, das eigene Leben 4000-mal höher zu schätzen als dasjenige eines Fremden in Not, und diese Sicht der Dinge hält Zell für falsch. Für unser Anliegen ist wichtig, dass er das ihm entgegenschlagende Unverständnis nicht auf die Abwesenheit eines Gefühls oder einer Emotion zurückführt, sondern auf ein kognitives Defizit. Toby Ord erklärt seine Wandlung zu einer Person, die wir heute als effektiven Altruisten bezeichnen, ganz ähnlich, nämlich als Folge seiner Berechnung, wie vielen Menschen er helfen kann, wenn er bescheiden lebt und jedes überschüssige Pfund effektiven Wohltätigkeitsorganisationen spendet. Das er dies dann auch tun sollte, erscheint ihm selbstverständlich. Auch Celso Vieira, der brasilianische effektive Altruist, glaubt, »eher von Argumenten als von Empathie bewegt« zu werden, und Rachel Maley, eine Chicagoer Pianistin und vielseitige Künstlerin, schrieb in einem Blogbeitrag für The Life You Can Save:

> Zahlen machten mich zur Altruistin. Als ich erfuhr, dass ich das Heidengeld für den Monatsbeitrag meines Fitnessstudios (ich darf gar nicht verraten, wie viel das war) auch zur Heilung blinder Menschen verwenden könnte, hatte ich nur einen einzigen Gedanken: »Warum habe ich das nicht schon viel früher getan?« Diese Frage änderte mein Leben für immer. Ich überdachte alle meine finanziellen Prioritäten. Meine Spenden waren bis dahin immer von Sentimentalität bestimmt gewesen, aber der effektive Altruismus hat mir die Augen geöffnet.[3]

3 Rachel Maley, »Choosing to Give«, *The Life You Can Save blog*, 9.4. 2014, ⟨http://www.thelifeyoucansave.org/blog/tabid/107/id/69/choosing-to-give.aspx⟩.

David Brooks bemerkte diese intellektualistischen Wurzeln des effektiven Altruismus, als er die Idee des Verdienens, um zu spenden, kritisierte – und ihm war eindeutig unwohl dabei:

> Ganz nüchtern betrachtet, hat ein Kind in Pakistan oder Sambia genau den gleichen Wert wie das eigene. Aber es gibt nicht viele Menschen, die wirklich so denken. Nicht viele schätzen ein Leben, das sie nur anhand abstrakter Statistiken kennen, so sehr wie das eigene Kind, das gefüttert, gedrückt, gepäppelt und bespaßt werden will.[4]

Wie Brooks werfen auch andere Kritiker dem effektiven Altruismus oft vor, es sei merkwürdig oder unnatürlich, sich von dem »ganz nüchternen« Verständnis dafür rühren zu lassen, dass ein Kind in Pakistan oder Sambia genauso viel wert ist wie das eigene.[5] Aber wie ich bereits zu Anfang gesagt habe: Die Liebe zum eigenen Kind muss einen nicht blind dafür machen, dass es einen Standpunkt gibt, von dem aus andere Kinder ebenso viel zählen, oder dafür, dass man sich diese Perspektive zu eigen machen sollte.

Bezeichnenderweise sprechen effektive Altruisten lieber über die Zahl der Menschen, denen sie helfen können, als über Einzelfälle. Dieses Interesse an Zahlen schlägt sich in ihrer Philanthropie nieder; sie spenden an diejenigen Organisationen, die aller Voraussicht nach den größten Nutzen bringen werden – was oft bedeutet, dass die Spende mehr Menschen zugutekommt, als es bei einer weniger effektiven

---

4 David Brooks, »The Way to Produce a Person«, *New York Times*, 3. 6. 2013.
5 Zu einem weiteren Beispiel – in diesem Fall ein Argument dafür, eher lokal als global zu spenden – siehe William Schambra, »The coming showdown between philanthrolocalism and effective altruism«, *Philanthropy Daily*, 22. 5. 2014, ⟨http://www.philanthropydaily.com/the-coming-showdown-between-philanthrolocalism-and-effective-altruism/⟩.

Einrichtung der Fall wäre. Die meisten Leute, die andere in armen Ländern unterstützen wollen, fördern dagegen oft ganz bestimmte Kinder. Diese Praxis zeigt, dass man sich gern auf eine bestimmte Person konzentrieren und diese auf irgendeine Weise kennenlernen möchte, sie hilft aber letztlich weniger Menschen.

Zu diesen Befunden passt auch, dass viele der prominentesten effektiven Altruisten in Bereichen arbeiten oder sich besonders gut auskennen, in denen es auf abstraktes Denken ankommt, etwa in der Mathematik oder der Informatik. Zell Kravinsky griff auf seine mathematischen Fähigkeiten zurück, um ein erfolgreicher Immobilieninvestor zu werden, Toby Ord studierte Mathematik und Informatik, bevor er zur Philosophie wechselte. Auch Matt Wage war in Princeton gut in Mathe, bevor er sich entschloss, seinen Abschluss in Philosophie zu machen. Im Grundstudium belegte Ian Ross Kurse in Mathematik und Computerwissenschaften am MIT, während Jim Greenbaum mit seinen Rechenkünsten immer zu den Besten seiner Klasse zählte. Philipp Gruissems phänomenale Erfolge als Pokerspieler beweisen, dass er sich bestens mit Wahrscheinlichkeiten auskennt, und Celso Vieira tut sich in Aufgaben hervor, die analytisches Denken erfordern. Mein Lieblingsbeispiel für die Kombination von effektivem Altruismus und Rechnen ist allerdings die Internetseite Counting Animals. Ihr Untertitel lautet »Ein Ort für Menschen, die Tiere und Zahlen lieben«, und auf der Startseite heißt es: »Wo Nerds und Tierrechte aufeinandertreffen!«

Wir können vermuten, dass Menschen, die sehr geübt im abstrakten Denken sind, anderen eher auf die effektive als auf die herkömmliche Weise helfen werden. Gestützt wird diese Spekulation durch Forschungen zu der Frage, wie Leute auf Informationen hinsichtlich der Effektivität einer Organisation, der sie Geld geben, reagieren. Dean Karlan und

Daniel Wood halfen der US-amerikanischen Wohltätigkeitsorganisation Freedom from Hunger dabei, deren Spendenbriefe zu optimieren. Der Standardbrief enthielt die Beschreibung einer Person, der Freedom from Hunger geholfen hatte, und wie wir gesehen haben, rufen solche Beschreibungen eine emotionale Reaktion hervor. Zufällig ausgewählten Empfängern gaben Karlan und Wood allerdings noch weitere Informationen, nämlich wissenschaftliche Belege für die Effektivität der Aktivitäten von Freedom from Hunger. Die Forscher fanden heraus, dass diese Informationen zwar die Zahl der Spenden von Menschen, die zuvor 100 Dollar oder mehr gegeben hatten, erhöhte, die Anzahl der Spenden derjenigen, die weniger gegeben hatten, jedoch *verringerte*. An früherer Stelle haben wir schon gesehen, dass Menschen, die vielen verschiedenen Hilfseinrichtungen kleine Summen geben, tendenziell eher *warm glow givers* sind, denen es nicht wirklich darum geht, so viel Gutes wie möglich zu tun. Karlan und Wood formulieren es so:

> Unser Befund, dass Menschen, die schon zuvor wenig gespendet haben, angesichts von Informationen über die Wirksamkeit der Spende noch seltener und weniger spenden, steht im Einklang mit anderen Untersuchungen, die zeigen, dass der emotionale Impuls zum Spenden versiegt, sobald analytische Informationen ins Spiel kommen.[6]

Effektive Altruisten hingegen werden stark von analytischen Informationen beeinflusst, was nahelegt, dass ihre emotionalen Reaktionen davon nicht gehemmt werden. Sie nutzen diese Informationen vielmehr, um jene emotiona-

6 Dean Karlan, Daniel Wood, »The Effect of Effectiveness. Donor Response to Aid Effectiveness in a Direct Mail Fundraising Experiment«, Economic Growth Center Discussion Paper No. 1038/Economics Department Working Paper No. 130, Yale University, 15. 4. 2014, ⟨http://ssrn.com/abstract=2 421 943⟩, S. 13.

len Impulse zu überwinden, die andere Menschen weniger effektiv handeln lassen.

Die Hypothese, effektive Altruisten ließen mehr als die meisten anderen Menschen zu, dass ihre Vernunft ihre Emotionen überstimmt und in andere Bahnen lenkt, steht im Einklang mit mehr als einem Jahrzehnt psychologischer Forschungen zu Joshua Greenes Theorie, uns stünden beim Fällen von Moralurteilen zwei unterschiedliche Prozesse zur Verfügung. Greene vergleicht die Art, wie die meisten Menschen moralische Urteile fällen, mit dem Bedienen einer Kamera, die normalerweise im Automatikmodus arbeitet, bei Bedarf aber auch auf manuelle Bedienung umgeschaltet werden kann. Sind wir mit einer Situation konfrontiert, die nach moralischer Beurteilung schreit, dann haben wir in der Regel ein Bauchgefühl, das uns sagt, wenn etwas nicht in Ordnung ist. Unsere intuitiven Reaktionen sind so schnell und einfach wie das Knipsen mit einer Automatikkamera, und sie führen unter normalen Bedingungen zu ebenso brauchbaren Ergebnissen; unter seltenen, besonderen Umständen führen sie uns jedoch in die Irre. In solchen Fällen ist es besser, in den manuellen Modus zu wechseln, mit anderen Worten: unsere instinktiven Reaktionen beiseitezuschieben und das Problem zu durchdenken.[7]

Automatikkameras wurden entwickelt, damit auch Menschen, die keine professionellen Fotografen sind, in den meisten Fällen gute Bilder machen können. Unsere schnellen moralischen Reaktionen wurden zwar von niemandem designt, aber durch die natürliche Selektion geformt. Da wir die längste Zeit unserer Evolutionsgeschichte in kleinen Stammesgruppen lebten, ist es kein Wunder, dass wir Verwandten und Personen, zu denen wir gute Beziehungen

7 See Joshua Greene, *Moral Tribes. Emotion, Reason, and the Gap Between Us and Them* (New York: Penguin, 2013).

pflegen, instinktiv helfen, weit entfernten Fremden oder Tieren aber nicht.

Der umstrittenste Aspekt dieses Modells ist, dass es moralische Urteile, die charakteristischerweise auf der Idee basieren, dass etwas an sich und unabhängig von seinen Folgen falsch ist, mit dem instinktiven, emotionsbasierten Automatikmodus für Moralurteile in Verbindung bringt, während es charakteristischerweise utilitaristische Urteile mit dem manuellen Modus verbindet, der nicht nur auf emotionalen Einstellungen, sondern auch auf bewussten, vernünftigen Überlegungen beruht. Einen frühen Beleg zugunsten dieser Ansicht lieferte eine Studie, in der Greene und Kollegen Leute baten, Urteile über Trolley-Probleme und ähnliche moralische Dilemmata abzugeben, während man ihre Hirnaktivität maß. Kurz bevor eine Testperson ein utilitaristisches Urteil fällte, erhöhte sich ihre Hirnaktivität in Regionen, die mit der kognitiven Kontrolle in Verbindung stehen; gab die Probandin dagegen ein nichtutilitaristisches Urteil ab, trat dort keine erhöhte Aktivität auf.[8] Dieses interessante Ergebnis wurde inzwischen durch eine Vielzahl weiterer Belege untermauert. In einer anderen Studie wurden Probanden gebeten, vor jedem moralischen Dilemma eine Folge von Buchstaben, Ziffern und Sonderzeichen (beispielsweise »n63#m1Q«) auswendig zu lernen, die sie nach dem Ende des Experiments angeblich aufsagen sollten. Dieses Verfahren wird als »kognitives Belasten« (*cognitive loading*) bezeichnet – es belastet diejenigen Teile des Gehirns, die beim Nachdenken aktiv sind. Als den Teilnehmern der Studie dann die moralischen Dilemmata präsentiert wurden, urteilten sie eher als vergleichbare Probanden, die nicht kognitiv belastet worden waren, dass einige Handlungen – unabhängig von ihren Folgen – einfach falsch sind. Die Zufalls-

---

8 J.D. Greene et al., »The Neural Bases of Cognitive Conflict and Control in Moral Judgment«, in: *Neuron* 44 (2004), S. 389-400.

folge im Kopf zu behalten, erschwerte ihnen das Durchdenken der Situation, sodass sie eine intuitivere Antwort gaben. Als man anderen Probanden ein Foto der einzelnen Person zeigte, die zu Schaden kommen würde, falls sie sich für die Rettung der größeren Zahl von Personen entschieden, handelten sie ebenfalls seltener utilitaristisch, vermutlich, weil das Foto ihr Mitgefühl mit dem Opfer weckte. Weitere Studien zum kognitiven Belasten kamen zu ähnlichen Ergebnissen,[9] und noch zahlreiche andere Untersuchungen stützen Greenes Theorie, dass am moralischen Urteilen zwei verschiedene Prozesse beteiligt sind.[10] Diese Studien stärken außerdem die spezifischere These, der zufolge typisch konsequentialistische Urteile mit größeren bewussten Denkanstrengungen in Verbindung stehen.

Um mögliche Missverständnisse zu vermeiden, betone ich noch einmal, effektive Altruisten keineswegs als eiskalte, rationale Rechner hinstellen zu wollen. Holden Karnofsky, der Mitbegründer von GiveWell, hält es für ein Missverständnis zu denken, dass effektive Altruisten ihre Leidenschaften unterdrücken, um so rational wie möglich handeln zu können. Stattdessen, so schreibt er auf seinem Blog, sei es im Gegenteil gerade der

effektive Altruismus, den wir mit Leidenschaft verfolgen. Wir sind von der Idee begeistert, das meiste aus unseren Ressourcen zu machen und anderen so gut wie möglich zu

9 Paul Conway, Bertram Gawronski, »Deontological and Utilitarian Inclinations in Moral Decision Making. A Process Dissociation Approach«, in: *Journal of Personality and Social Psychology* 104 (2013), S. 216-235; siehe auch J. Greene et al., »Cognitive Load Selectively Interferes with Utilitarian Moral Judgment«, in: *Cognition* 107 (2008), S. 1144-1154.
10 Zu einer Übersicht der verfügbaren Belege siehe Joshua Greene, »Beyond Point-and-Shoot Morality. Why Cognitive (Neuro)Science Matters for Ethics«, in: *Ethics* 124 (2014), S. 695-726.

helfen. [...] Ich fände es schwierig, nicht das Interesse an einer Sache zu verlieren, wenn ich das Gefühl hätte, anderswo mehr Gutes tun zu können. Ich beschreibe nicht, wie ich denken »sollte« oder wie ich zu denken »versuche«. Ich beschreibe, was mich begeistert. [...] Diese Begeisterung befeuerte die durchgemachten Nächte, aus denen GiveWell hervorging, und ich glaube, ich könnte in kein anderes Projekt so viel Mühe stecken oder so motiviert dazu sein.[11]

Die Kommentatoren auf Holdens Blog waren in zwei Lager gespalten: Einige fühlten sich angesprochen, andere dagegen meinten, er gebe den Kritikern zu viel zu; er solle lieber für die Vernunft eintreten als zuzugestehen, es wäre etwas Schlechtes dabei, lieber auf diese als auf seine Gefühle zu vertrauen. Uri Katz, ein Doktorand an der Hebrew University in Jerusalem, fragte Holden, was dieser täte, wenn er eines Morgens aufwachen und feststellen würde, dass er unbedingt in einer Suppenküche helfen wollte und kaum noch Begeisterung für seine Arbeit bei GiveWell verspürte. Würde er in der Suppenküche arbeiten, obwohl er dort viel weniger Gutes bewirken könnte? Holden fand es schwierig, auf eine solch hypothetische Frage zu antworten, sagte aber immerhin so viel: »Es wäre eine schwere Entscheidung, und es bestünde eine echte Chance, dass ich die Suppenküche wählen würde.« Doch warum fiele Holden diese Entscheidung überhaupt so schwer? Warum erwidert er nicht einfach: »Ja, klar, dann würde ich eben in der Suppenküche arbeiten«? Meiner Meinung nach gerade deshalb, weil die Vernunft zu Recht eine Rolle in seinen Entscheidungsprozessen spielt.

In dieser Rolle ist die Vernunft – zusammen mit dem Gefühl – auch bei Harish Sethu am Werk, dem Gründer

11 Holden Karnofsky, »Excited Altruism«, *GiveWell blog*, 20.8.2013, ⟨http://blog.givewell.org/2013/08/20/excited-altruism/⟩.

der gerade erwähnten »Nerds und Tierrechte«-Webseite Counting Animals. Sethu sagte mir:

> Ich merke, dass Videos von leidenden Tieren immer eine starke emotionale Reaktion bei mir auslösen. Es ist mir etwas peinlich, das zuzugeben, aber sie bringen mich immer zum Heulen. All die rationale Rechnerei wird letztlich von diesen Emotionen (Mitleid, Erbarmen usw.) getragen. [...] Mich bewegen sowohl Gefühl als auch Verstand.

In Sethus Fall ist die emotionale Reaktion auf das Leiden die ultimative Motivation, aber ihm ist bewusst, dass das Leid, das er in einem Video sieht, nur einen kleinen Ausschnitt aus der viel größeren Realität des Tierleids insgesamt darstellt. Diese Erkenntnis dämpft seine emotionale Reaktion jedoch nicht – anders als bei Menschen, denen man von einer hilfsbedürftigen Gruppe von Kindern anstatt von einem einzelnen Kind in Not berichtet.[12] Seine Gefühle angesichts eines Videos von einem misshandelten Hund bringen ihn auch nicht dazu, diesem Hund oder auch nur Hunden im Allgemeinen helfen zu wollen. Stattdessen überlegt er, wie er am besten dazu beitragen kann, jene größere Welt des Leids weniger leidvoll zu machen. Näheres dazu findet sich in Kapitel 13, wo es eben unter anderem darum geht, was ein effektiver Altruist gegen das Tierleid unternehmen sollte.

Falls abstraktes Denkvermögen dem effektiven Altruismus wirklich zuträglich ist, können wir uns natürlich fragen, warum er als Bewegung erst jetzt entsteht. Hat sich die Fähigkeit der Menschen zum abstrakten Denken denn urplötzlich verbessert? Hier dürften mehrere Faktoren hineinspielen. In den wohlhabenden Nationen lebt ein beträchtlicher Teil der Bevölkerung heute sehr komfortabel und ohne wirtschaftliche Sorgen. Unter diesen Umständen rückt

12 Siehe oben, S. 102 f.

die Suche nach Sinn und Erfüllung in den Vordergrund, und viele Menschen wenden sich dem effektiven Altruismus als einer Möglichkeit zu, ihrem Leben einen Sinn zu geben, den es andernfalls nicht hätte. Darüber hinaus kommt gerade eine neue Generation von Menschen zu Wohlstand, die in Bereichen arbeitet, in denen es um die Analyse von Daten und Belegen geht. Sie dürfte sich die Idee leichter zu eigen machen können, nicht aufgrund familiärer Traditionen, gesellschaftlicher Konventionen oder persönlicher Gefühle zu spenden, sondern um möglichst viel Gutes zu tun. Wichtig war auch der technische Fortschritt, der es effektiven Altruisten ermöglichte, über das Internet Kontakt aufzunehmen; und da es nun GiveWell gibt, kann man leichter herausfinden, wem man sein Geld am besten anvertrauen sollte.

All jene Entwicklungen hätten für sich genommen vielleicht schon ausgereicht, um das Aufkommen des effektiven Altruismus zu ermöglichen, selbst wenn unsere geistigen Fähigkeiten die gleichen geblieben wären. Überraschenderweise haben sich diese in der relativ kurzen Zeitspanne des vergangenen Jahrhunderts jedoch deutlich verbessert. Der durchschnittliche IQ liegt zwar nach wie vor bei 100, aber nur, weil die Testergebnisse so standardisiert sind, um gerade dieses Ergebnis zu liefern. Die IQ-Tests selbst werden von Zeit zu Zeit verändert, um die Ergebnisse wieder an den Standard anzugleichen; tatsächlich haben sich die Testergebnisse in allen großen Industrienationen um durchschnittlich etwa drei Punkte pro Jahrzehnt verbessert. Dieses Phänomen ist als »Flynn-Effekt« bekannt geworden, benannt nach James Flynn, der 1984 und 1987 Aufsätze dazu veröffentlichte.[13] Man schätzt, dass der durchschnittliche IQ in den

13 J.R. Flynn, »The Mean IQ of Americans. Massive Gains 1932 to 1978«, in: *Psychological Bulletin* 95 (1984), S. 29-51; ders., »Massive IQ Gains in 14 Nations. What IQ Tests Really Measure«, in: *Psychological Bulletin* 101 (1987), S. 171-191.

USA im Jahr 1932 nach heutigen Maßstäben gerade mal 80 betrug.[14]

Für diesen Anstieg der IQ-Werte wurden mehrere Erklärungen vorgebracht, die von besserer Ernährung bis hin zu einer stimulierenderen Umgebung reichen, die mehr Nachdenken erfordert. Auch bessere Bildung könnte eine Rolle gespielt haben, allerdings sind die Werte deutlicher bei Fragen angestiegen, die abstrakte Denkfähigkeiten prüfen, als bei Fragen, die den Sprachschatz und die mathematischen Kenntnisse testen. Flynn schlug später vor, auch die Verbreitung wissenschaftlicher Denkweisen in der Bevölkerung habe zur Verbesserung der Denkfähigkeit beigetragen.[15]

Steven Pinker glaubt, dass diese Verbesserung einsetzte, als die Erfindung des Buchdrucks viel mehr Menschen Ideen und Informationen zugänglich machte. Er behauptet zudem, dass das bessere Denken auch positive moralische Auswirkungen hatte, weil es uns dazu befähigte, leichter eine unparteiische Haltung einzunehmen und uns von unseren persönlichen und beschränkten Perspektiven zu distanzieren. Pinker nennt das einen »moralischen Flynn-Effekt«.[16] Wenn er Recht hat, könnte dieser Effekt dafür gesorgt haben, dass mehr Menschen zu denjenigen moralischen Ansichten gelangten, die den effektiven Altruismus auszeichnen. Wer weiß, was das 21. Jahrhundert bringen wird? Die enorme Zunahme der Kommunikationsmöglichkeiten und damit der Kontakte mit anderen Menschen in nah und fern könnte die menschliche Natur, unsere Gehirne und auch unsere Moralvorstellungen verändern.

14 U. Neisser, »Rising Scores on Intelligence Tests«, in: *American Scientist* 85 (1997), S. 440-447.
15 James Flynn, *What Is Intelligence? Beyond the Flynn Effect* (Cambridge: Cambridge University Press, 2009).
16 Steven Pinker, *Gewalt. Eine neue Geschichte der Menschheit* (Frankfurt: S. Fischer Verlag, 2011).

9. Altruismus und Glück

Konfrontiert mit dem Verhalten effektiver Altruisten, fragen sich die Leute oft, wieso diese sich für fremde Menschen derart aufopfern. Viele effektive Altruisten denken jedoch gar nicht in solchen Begriffen. In einem Blogeintrag mit dem Titel »Begeisterter Altruismus« schreibt Holden Karnofsky, dass Elie und er sich nicht für ungewöhnlich selbstlos halten oder glauben, mit der Gründung von GiveWell etwas Wichtiges aufgegeben zu haben:

> Im Vergleich zur Finanzbranche finden wir unsere jetzige Arbeit interessanter, spannender, motivierender und auch besser geeignet, um mit Menschen zusammenzukommen, denen wir uns stark verbunden fühlen – all das macht die Gehaltskürzungen, die unseren Lebensstil sowieso nicht sehr beeinflusst haben, locker wett.[1]

Die anderen effektiven Altruisten, die wir kennengelernt haben, sehen das im Allgemeinen ähnlich. Toby Ord dachte zunächst, es wäre ein lohnenswertes Opfer, mit nur 18 000 Pfund pro Jahr auszukommen, um mit dem restlichen Geld Gutes zu tun. Später erkannte er, dass es überhaupt kein Opfer war, weil ihm sein Engagement für die gute Sache weit mehr bedeutet als neue Gadgets oder ein größeres Haus.[2] Für Julia Wise ist es wie gesagt »eine einmalige Gelegenheit«, Hunderte von Menschenleben zu retten, aber sie verlangt nicht mehr von sich, als sie mit Freuden geben kann. Ian Ross kennt

---

1 ⟨http://blog.givewell.org/2013/08/20/excited-altruism/⟩.
2 ⟨http://www.givingwhatwecan.org/about-us/history/profile-of-foun der⟩ (20. 2. 2014).

die psychologische Literatur zur »hedonistischen Tretmühle« der Konsumgesellschaft, die zeigt, dass wir den verstärkten Konsum eines Guts für kurze Zeit genießen, uns dann jedoch an dieses neue Niveau gewöhnen und noch mehr davon konsumieren müssen, um weiter Vergnügen daran zu finden. Obwohl ihn das Spenden nicht berauscht, glaubt er darum nicht, viel zu verpassen. Charlie Bresler, der ehrenamtliche Geschäftsführer von The Life You Can Save, sagte mir Folgendes: »Ich glaube wirklich nicht an den ›Altruismus‹ – ich glaube, dass das Leben, das ich rette, mein eigenes ist, und dass ich damit schon viel früher hätte anfangen sollen!«

Zu oft setzen wir jede Tätigkeit, die uns weniger Geld einbringt als eine andere, damit gleich, ein Opfer zu bringen. Geld ist jedoch kein intrinsisches Gut. Anstatt zu sagen, dass etwas ein Opfer ist, wenn es dazu führt, dass man weniger Geld hat, wäre es vernünftiger zu sagen, dass etwas ein Opfer ist, wenn es bewirkt, dass man über ein geringeres Maß an Wohlbefinden verfügt, kurz: weniger glücklich ist. Um also festzustellen, ob effektive Altruisten etwas opfern, müssen wir uns die Hauptursachen des Glücks ansehen – oder zumindest diejenigen Faktoren, die von denjenigen Entscheidungen beeinflusst werden können, die effektive Altruisten treffen. Die neuere psychologische Forschung zeigt, dass Holden, Toby, Julia und Ian in dieser Hinsicht nichts Besonderes sind. Studien zur Beziehung zwischen Einkommen und Glück oder Wohlbefinden deuten darauf hin, dass Menschen mit niedrigen Einkünften zwar glücklicher werden, wenn sie mehr verdienen; sobald das Einkommen aber ausreicht, um die eigenen Bedürfnisse zu decken und eine gewisse finanzielle Sicherheit zu bieten, hat eine weitere Erhöhung wenig bis gar keinen Einfluss mehr. Viel wichtiger sind andere Faktoren, vor allem enge persönliche Beziehungen. Eine Studie errechnete, dass ein Lebenspartner einen durchschnittlich verdienenden Single genauso glücklich macht wie eine Gehaltserhöhung um 767 %.[3]

Zwei Forschergruppen ließen zufällig ausgewählte Amerikaner schätzen, wie glücklich Geringverdiener sind. In der ersten Studie sollten die Befragten abschätzen, wie oft Menschen, die von weniger als 20 000 Dollar jährlich leben, schlechte Laune haben; die andere Studie fragte nach dem vermeintlichen Glück von Menschen, die 55 000 Dollar oder weniger verdienen. Beide Male lagen Daten aus Befragungen vor, die diese Fragen objektiv beantworteten. Der ersten Studie zufolge wurde die Häufigkeit schlechter Laune von den Befragten »stark überschätzt«, und in der zweiten Studie wurde »erheblich unterschätzt«, wie glücklich Menschen mit dem angegebenen, relativ niedrigen Einkommen normalerweise sind.[4]

Vielleicht scheint uns Geld so wichtig für unser Wohlbefinden zu sein, weil wir es zum Kauf von Konsumgütern brauchen; und vielleicht bringt uns dieser Kaufrausch um das, was uns wirklich guttut. Eine eingehende Studie von 32 Familien in Los Angeles fand heraus, dass drei Viertel von ihnen ihre Autos nicht mehr in der Garage parken konnten, weil diese zu vollgestopft war. Der Umfang ihrer Besitz-

3 Richard Ball, Kateryna Chernova, »Absolute Income, Relative Income, and Happiness«, in: *Social Indicators Research* 88 (2008), S. 497-529. Ich verdanke diesen und mehrere weitere Hinweise in den folgenden Abschnitten Andreas Mogensen, »Giving Without Sacrifice. The relationship between income, happiness, and giving«, ⟨https://www.givingwhatwecan.org/sites/givingwhatwecan.org/files/attachments/giving-without-sacrifice.pdf⟩. Jeder, der sich für dieses Thema interessiert, wird von Mogensens ausgezeichneter Zusammenfassung der relevanten Belege ebenso profitieren wie ich bei der Abfassung dieses Abschnitts.
4 Lara Aknin, Michael Norton, Elizabeth Dunn, »From wealth to wellbeing? Money matters, but less than people think«, in: *Journal of Positive Psychology* 4 (2009), S. 523-527; Daniel Kahneman et al., »Would You Be Happier If You Were Richer? A Focusing Illusion«, in: *Science* 312 (2006), S. 1908-1910.

tümer war so groß, dass Mütter in diesen Familien vermehrt Stresshormone ausschütteten, wenn sie versuchten, den Überblick zu behalten.[5] Trotz der Tatsache, dass den amerikanischen Durchschnittshaushalten heute dreimal so viel Platz zur Verfügung steht wie 1950, zahlen sie insgesamt 22 Milliarden Dollar pro Jahr, um zusätzlichen Stauraum zu mieten.[6] Aber macht sie das ganze Zeug auch glücklicher? Graham Hill kennt beide Seiten. Nach dem Verkauf seiner Internet-Beratungsfirma leistete er sich erst einmal ein vierstöckiges, über 300 m² großes Haus und füllte es mit den angesagtesten Konsumgütern. Seine Freude währte indes nur kurz, denn bald waren sie ihm wieder egal und er stellte fest, dass sein Leben viel komplizierter geworden war. Heute lebt er nur mit dem Nötigsten in einem 40 m² großen Apartment und ist deutlich zufriedener.[7]

Mehr und mehr Dinge zu kaufen, macht uns nicht glücklicher – ganz im Gegensatz dazu, anderen mit dem Geld zu helfen! Elizabeth Dunn, Lara Aknin und Michael Norton gaben den Teilnehmern eines Experiments einen Geldbetrag. Die eine Hälfte der Teilnehmer sollte das Geld für sich selbst ausgeben, die andere sollte jemandem ein Geschenk kaufen oder es für wohltätige Zwecke spenden. Unterm Strich war die zweite Gruppe glücklicher als die erste.[8] Dieses Resultat steht im Einklang mit einer Gallup-Umfrage, bei der Menschen in 136 Ländern gefragt wurden, ob sie im letzten Monat Geld gespendet hatten. Außerdem sollten sie auf einer Zehn-Punkte-Skala ihren Glückszustand ein-

5 Jeanne Arnold et al., *Life at Home in the 21st Century. 32 Families Open Their Doors* (Los Angeles: Cotsen Institute of Archaeology Press, 2012).

6 Graham Hill, »Living with Less, A Lot Less«, *New York Times*, 9.3. 2013.

7 Ebd.

8 Elizabeth Dunn, Lara Aknin, Michael Norton, »Spending Money on Others Promotes Happiness«, in: *Science* 319 (2008), S. 1687f.

tragen. In 122 der 136 Länder gab es eine positive Korrelation zwischen dem Spenden für wohltätige Zwecke im letzten Monat und einem stärkeren Glücksgefühl. Der »Glücksunterschied« zwischen denjenigen, die auf die Spendenfrage mit »ja«, und denjenigen, die mit »nein« geantwortet hatten, entsprach dem Unterschied, den eine Verdopplung ihres Einkommens bedeutet hätte.[9]

Die Umfrage beweist eine Korrelation, aber noch keinen kausalen Zusammenhang, und es scheint, als könne die Kausalkette in beide Richtungen laufen, weil glückliche Menschen auch eher spenden.[10] Diese Überlegung führte Aknin, Dunn und Norton zu der Frage, ob die Erinnerung an eine Spende zu einem Anstieg des Glücksempfindens führt und ob einen dieser Anstieg wiederum dazu bringt, in der nahen Zukunft großzügiger zu sein. Sie konnten zeigen, dass es eine Wechselbeziehung zwischen den beiden gibt, eine positive Rückkopplungsschleife, die sowohl zu mehr Freigebigkeit als auch zu größerem Glück führt. Die Autoren schreiben, ihre Erkenntnisse könnten »für Menschen von Bedeutung sein, die der hedonistischen Tretmühle entkommen wollen«, und diesen »einen Weg zu nachhaltigem Glück« weisen.[11]

Viele akzeptieren die Vorstellung, dass Geld allein nicht glücklich macht und dass das Spenden für Menschen, die

9 Lara Aknin et al., »Prosocial Spending and Well-Being. Cross-Cultural Evidence for a Psychological Universal«, *National Bureau of Economic Research Working Paper* 16 415, Cambridge, Mass., 2010.

10 A. M. Isen, »Success, Failure, Attention and Reaction to Others. The Warm Glow of Success«, in: *Journal of Personality and Social Psychology* 15 (1970), S. 294-301; ders., P. F. Levin, »Effect of Feeling Good on Helping: Cookies and Kindness«, in: *Journal of Personality and Social Psychology* 21 (1972), S. 384-388.

11 Lara Aknin, Elizabeth Dunn, Michael Norton, »Happiness Runs in a Circular Motion. Evidence for a Positive Feedback Loop between Prosocial Spending and Happiness«, in: *Journal of Happiness Studies* 13 (2012), S. 347-355.

in wohlhabenden Ländern durchschnittlich oder überdurchschnittlich gut verdienen, deshalb Vorteile haben kann, die den Verlust an Kaufkraft überwiegen. Aber betrifft das auch das Spenden eines Körperteils? Die Operation, die Rekonvaleszenz, das Risiko für Gesundheit und Lebenserwartung, und das alles für einen völlig Fremden – auch wenn das Risiko gering ist, bringt man in diesem Fall doch wohl ein Opfer? Wiederum sprechen die Fakten eine andere Sprache. In einer Studie wurden sieben ungerichtete Organspender (sechs Nierenspender und einer, der einen Teil seiner Leber gespendet hatte) drei Monate nach der Operation befragt. Drei von ihnen hatten den Empfänger ihrer Spende getroffen und diese Erfahrung positiv bewertet, die übrigen vier wollten anonym bleiben, waren aber ebenfalls allesamt mit ihrer Entscheidung zufrieden. Keiner hatte psychische Probleme. In den Worten der Autoren der Studie: »Auf einer Skala von 1-10, mit der 10 als Bestnote, wurde die Spendenerfahrung insgesamt mit durchschnittlich 9,8 bewertet, während die Bereitschaft, es noch einmal zu tun, eine Durchschnittsnote von 10 erhielt.«[12] Laut Sue Rabbitt Roff, einem ehemaligen Laienmitglied der für Nierenspenden zuständigen britischen Regulierungsbehörde, berichtet »jede Studie über Nierenlebendspender, von der Türkei bis Schottland, von einem gesteigerten Selbstwertgefühl der Spender«.[13] Müssten viele Nierenspender im Anschluss mit größeren gesundheitlichen Problemen kämpfen, dann würde das ihr gesteigertes Selbstbewusstsein vielleicht überwiegen,

12 M. D. Jendrisak et al., »Altruistic Living Donors. Evaluation for Nondirected Kidney and Liver Donation«, in: *American Journal of Transplantation* 6 (2006), S. 115-120. Die Bereitschaft, es wieder zu tun, dürfte zumindest im Fall der Nierenspender hypothetisch sein.
13 Sue Rabbitt Roff, »Self-Interest, Self-Abnegation and Self-Esteem. Towards a New Moral Economy of Non-directed Kidney Donation«, in: *Journal of Medical Ethics* 33 (2007), S. 374-441.

aber glücklicherweise kommt es nur sehr selten zu Kompli-kationen.[14]

Das Selbstwertgefühl ist eine wichtige Glückskompo-nente.[15] Der kanadische Philosoph Richard Keshen hat ein Konzept des vernünftigen Selbstwertgefühls (*reasonable self-esteem*) entwickelt, das besonders gut zur Denkweise effek-tiver Altruisten passt, die sich ja oft mehr auf ihren Verstand als auf ihr Gefühl verlassen. Keshen startet mit dem Begriff einer vernünftigen Person – einer Person, die sich dadurch definiert, dass sie vernünftige Ansichten über die Welt, über das, was in ihrem Interesse liegt und über das, was sie tun soll-te, haben möchte.[16] Sie versucht, Überzeugungen zu haben, die im Einklang mit solchen relevanten Belegen und Werten stehen, die von anderen nicht vernünftig kritisierbar sind. Da-mit nimmt Keshen Thomas Scanlons Idee vorweg, dass kor-rekte ethische Entscheidungen gerade jene sind, die andere nicht mit vernünftigen Gründen zurückweisen können.[17] Das alles lässt zugegebenermaßen offen, *welche* Werte ver-nünftig sind, aber es ist klar, dass es sich dabei zumindest um Werte handelt, die nicht durch Vorurteile verzerrt wur-den und daher anderen gegenüber verteidigt werden können. Als vernünftige Person reiht man sich in eine lange Reihe von Denkern ein, die bis zu Aristoteles zurückreicht, der auf die

---

14 Siehe etwa M. Garcia, L. Andrade, M. Carvalho, »Living Kidney Donors – A Prospective Study of Life Before and After Donation«, in: *Clinical Transplantation* 27 (2013), S. 9-14.

15 Roy Baumeister et al., »Does High Self-Esteem Cause Better Perfor-mance, Interpersonal Success, Happiness, or Healthier Lifestyles?«, in: *Psychological Science in the Public Interest* 4:1 (2003), S. 1-44; Helen Cheng, Adrian Furnham, »Personality, Self-Esteem, and Demogra-phic Predictions of Happiness and Depression«, in: *Personality and Individual Differences* 34:6 (2003), S. 921-942.

16 Richard Keshen, *Reasonable Self-Esteem* (Montreal: McGill-Queens University Press, 1996), S. 7.

17 Thomas M. Scanlon, *What We Owe to Each Other* (Cambridge: Har-vard University Press, 1998).

Vernunft und die Kraft des Arguments anstatt auf Autoritäten oder den Glauben baute. Ein vernünftiger Mensch gründet auch sein Selbstwertgefühl auf Fakten und vernünftige Werte.

Den Kern des ethischen Lebens einer vernünftigen Person macht Keshen zufolge die Erkenntnis aus, dass andere genauso sind wie wir, womit ihr Leben und Wohlergehen in bestimmter Hinsicht auch genauso viel wert ist wie das unsere. Daher kann ein vernünftiger Mensch die als gleichwertig erkannten Interessen anderer nur um den Preis der eigenen Selbstachtung ignorieren. Deren stabilste Grundlage ist ein ethisches Leben, also eines, das so weit wie nur möglich der Weltverbesserung gewidmet ist. Ein solches Leben zu führen, ist kein Altruismus im angesprochenen aufopfernden Sinn, und es drohen auch weder Entfremdung noch ein Verlust der Integrität, wie Bernard Williams befürchtete. Eine derartige Lebensweise ist vielmehr gerade Ausdruck der ureigenen Identität. Als Henry Spira, dem Pionier im Kampf für die Tierrechte aus dem 5. Kapitel, klar wurde, dass er nicht mehr lange zu leben hatte, sagte er mir: »Wenn ich gehe, möchte ich zurückschauen und sagen: ›Ich habe die Welt zu einem besseren Ort für andere gemacht.‹ Aber nicht aus Pflichtgefühl, sondern weil ich es einfach tun möchte … Ich fühle mich am besten, wenn ich es gut mache.«[18]

Falls meine Behauptung stimmt und effektive Altruisten gar keine Opfer bringen, verdienen sie die Bezeichnung »Altruisten« dann überhaupt? Im Altruismus steckt immer die Idee der Sorge um andere, darüber hinaus hat der Begriff jedoch verschiedene Konnotationen. Einigen Interpreten zufolge beinhaltet er die völlige Verleugnung der eigenen Interessen zum Wohle anderer. Dieser Ansicht nach wäre der Reiche aus der Bibel selbst dann kein Altruist, wenn er Jesu

---

18 Peter Singer, *Henry Spira und die Tierrechtsbewegung* (Erlangen: Harald Fischer Verlag, 2001), S. 210.

Rat befolgt, all seinen Besitz verkauft und den Erlös spendet, und zwar deshalb, weil es ihm dabei nicht um die Armen, sondern um das ewige Leben geht. Auch im Buddhismus fördert es das eigene Wohl, anderen zu helfen und das Leben zu schützen. Gelingt es einem durch eine tugendhafte Lebensweise und Meditation, erleuchtet zu werden, dann transzendiert man sein Selbst und weiß um die Leiden und Freuden jedes fühlenden Wesens. Wenn die ewige Suche nach Wunscherfüllung, die zuvor so wichtig schien, oder die Freuden, die diese Erfüllung mit sich brachte, transzendiert werden, stellt sich kein Gefühl des Verlusts ein, denn Erleuchtung bedeutet auch Loslösung von den eigenen Begierden.[19]

Wir müssen die Selbstaufopferung nicht zu einem Definitionsmerkmal des Altruismus machen, da wir Menschen auch wegen der Art ihrer Interessen als Altruisten ansehen können und nicht, weil sie diese Interessen aufgeben. Eine Geschichte, die man sich über Thomas Hobbes, einen Philosophen des 17. Jahrhunderts, erzählt, veranschaulicht das sehr gut. Zu seinen Lebzeiten war Hobbes berüchtigt, weil seine Philosophie auf dem Egoismus beruhte: der Idee, dass Menschen immer nur ihren eigenen Vorteil suchen. Bei einem Spaziergang durch London gab er einem Bettler eines Tages ein Almosen, worauf ihm ein Begleiter umgehend vorwarf, damit die eigene Theorie zu widerlegen. Hobbes gab zurück, es gefalle ihm, den Bettler glücklich zu machen, daher sei seine Spende mit dem Egoismus verträglich. Aber stellen wir uns nun einmal vor, Hobbes hätte sich tagein, tagaus so verhalten. Er sucht gezielt Menschen in Not auf, um ihnen seine Hilfe anzubieten, er spendet einen Teil seines Vermögens und führt darüber hinaus ein bescheidenes Leben, um so noch mehr geben zu können. Nach wie vor er-

19 Siehe dazu Shih Chao-hwieh, *Buddhist Normative Ethics* (Taoyuan, Taiwan: Dharma-Dhatu Publication, 2014), S. 98-110.

klärt er sein Handeln damit, dass es ihm die größte Freude bereitet, andere Menschen glücklicher zu sehen.

Ist dieser fiktive Hobbes ein Egoist? Wenn ja, dann ist die Behauptung, wir alle seien Egoisten, dermaßen abgeschwächt worden, dass sie niemanden mehr zu schockieren braucht. Versteht man den Egoismus auf diese Weise, hat die Unterscheidung zwischen Egoismus und Altruismus ihre Bedeutung verloren. Was wirklich zählt, ist die Anteilnahme am Schicksal anderer. Wenn wir Menschen dazu ermutigen wollen, so viel Gutes wie möglich zu tun, dann sollte nicht ihre Aufopferung bzw. ihr persönliches Unglück im Vordergrund stehen, sondern es sollte vielmehr darauf ankommen, ob das, was sie glücklich macht, auch andere besserstellt. Es steht uns frei, die Worte »Egoismus« und »Altruismus« so zu definieren, dass sie davon abhängen, ob jemand sich sehr um andere kümmert – wenn ja, dann nennen wir ihn eben einen Altruisten, und zwar unabhängig davon, ob seine Sorge um andere ihm nützt oder schadet.

IV. Zwecke und Organisationen auswählen

10. Lokal oder global?

Wer das Beste tun will, muss bereit sein, schwierige Urteile zu fällen. Es geht nicht bloß darum zu entscheiden, welche Wohltätigkeitsorganisationen am effektivsten sind, es kommt auch darauf an, wo unsere Ressourcen das meiste bewirken können. Als Musterbeispiel eines hocheffektiven guten Zwecks habe ich bislang die Armenhilfe angeführt; aber handelt es sich dabei auch um den effektivsten Zweck von allen? Wie schneidet er im Vergleich mit Bemühungen ab, das Leid von Tieren zu verringern? Die Klimakatastrophe abzuwenden? Gefährdete Arten vor dem Aussterben zu bewahren? Oder vielleicht auch uns selbst zu retten, indem wir das Risiko verringern, uns selbst auszulöschen?

Das ganze Feld der Philanthropie hat sich bisher um solche Vergleiche gedrückt, was daran liegen mag, dass Antworten in diesem Bereich nicht nur schwierige Tatsachenfragen, sondern zudem noch umstrittene Werturteile betreffen. Daraus jedoch zu schließen, dass schon der Versuch einer Antwort sinnlos ist und alle karitativen Zwecke gleich gut sind, ist ein zwar häufig begangener, aber darum nicht weniger schwerer Fehler, weil dadurch viele Gelegenheiten, noch mehr Gutes zu tun, verpasst werden. Eine große und einflussreiche Organisation, die diesen Irrtum begangen hat, ist Rockefeller Philanthropy Advisors. Sie soll uns hier als abschreckendes Beispiel dienen – nicht, weil sie schlechter wäre als viele andere Spendenberatungen, sondern weil es sich um eine der weltweit größten Organisationen ihrer Art handelt. Eigenen Angaben zufolge hat sie Spendenwilligen bisher bei der Vergabe von Mitteln im Wert von mehr als drei Milliarden Dollar geholfen, wobei das jährliche Volumen momentan 200 Millionen Dollar beträgt.

Auf ihrer Homepage finden sich unter der Rubrik »Ihr Philanthropie-Wegweiser« eine Reihe von Broschüren, die Spendengebern dabei helfen sollen, »wohlüberlegte, effektive Spendenprogramme« ins Leben zu rufen. Die Broschüre *Spenden – den richtigen Schwerpunkt setzen* enthält eine Tabelle mit verschiedenen Bereichen, in denen man sich engagieren kann: Gesundheit und Sicherheit, Bildung, Kunst, Kultur und Kulturerbe, Menschen- und Bürgerrechte, wirtschaftliche Grundversorgung, Umwelt.[1]

Merkwürdigerweise ist dort nirgends vom Tierschutz die Rede, obwohl man gerade hier mit wenig Geld extrem viel bewirken kann, wie wir in Kapitel 13 sehen werden. Er passt jedenfalls nicht in die »Umwelt«-Kategorie, weil Menschen den Tieren einen Großteil des Leids in der industriellen Viehzucht sowie in Laboren, Zoos oder Zirkussen antun. Diese Orte, insbesondere die Massentierhaltungsbetriebe, haben zwar auch negative Auswirkungen auf die Umwelt, das Leiden der Tiere ist jedoch eine davon getrennt zu haltende Frage.

Die Unterteilung, die Rockefeller Philanthropy Advisors vornimmt, gibt auch keinen Hinweis darauf, dass potenzielle Spendengeber in wohlhabenden Ländern eigentlich noch eine weitere Wahl treffen müssen: Soll die Organisation im In- oder Ausland tätig sein? Von dieser Entscheidung hängt es ab, ob die Spendenempfänger bereits zum reichsten Drittel der Weltbevölkerung gehören oder aber wesentlich schlechter dran sind. Auf der Rockefeller-Liste taucht die Kategorie »Verringerung der Weltarmut« nicht einmal auf – sie fällt offenbar unter Gesundheit und Sicherheit, wirtschaftliche Grundversorgung und Umwelt. Aber

1 Rockefeller Philanthropy Advisors, *Finding Your Focus in Philanthropy*, ⟨http://www.rockpa.org/document.doc?id=165⟩.

die Entscheidung, ob man für die Gesundheit oder die wirtschaftliche Grundversorgung spenden sollte, scheint weniger wichtig zu sein als die Frage, ob man sich für Hilfsmaßnahmen in den Vereinigten Staaten oder aber für solche in einigen der ärmsten Länder der Welt einsetzt.

Von den verschiedenen Projekten in der Broschüre setzt sich eines für eine bessere Gesundheitsversorgung für die Armen in den Entwicklungsländern ein, während ein anderes versucht, die Gesundheitsversorgung in den USA zu verbessern:

- 1998 spendete Ted Turner den Vereinten Nationen eine Milliarde Dollar – ein Drittel seines Vermögens –, um erwiesenermaßen hilfreiche Gesundheitsprogramme im großen Stil zu unterstützen. Diese konzentrierten sich auf die Bekämpfung der am weitesten verbreiteten tödlichen Krankheiten, denen überwiegend Kinder in Entwicklungsländern zum Opfer fallen.

Diese Initiative war äußerst erfolgreich und erbrachte und koordinierte auch Spenden weiterer gemeinnütziger Organisationen, etwa der Gates Foundation. Seit dem Jahr 2000 erhielten über 1,1 Milliarden Kinder einen kombinierten Impfstoff gegen Masern und Röteln, der mittlerweile 84 % der Kinder auf der Welt schützt. Zwischen 2000 und 2012 sank die Zahl der durch die Masern verursachten Todesfälle um 78 %, was 13,8 Millionen geretteten Menschenleben entspricht.[2] Die Kosten pro Impfung sollen bei rund einem Dollar liegen; wenn diese Zahl richtig ist, kostet die Rettung eines Menschenlebens weniger als 80 Dollar.[3]

2 Centers for Disease Control and Prevention, »Eliminating Measles, Rubella, and Congenital Rubella Syndrome (CRS) Worldwide«, ⟨http://www.cdc.gov/globalhealth/measles/⟩.
3 Dies sollen die Kosten für das gesamte Programm sein. Auch wenn das

- 1986 spendete Lucile Packard 40 Millionen Dollar für den Bau und Unterhalt eines Krankenhauses in Palo Alto, Kalifornien.

Bekannt wurde die Lucile-Packard-Kinderklinik durch ihre Erfolge bei der Trennung siamesischer Zwillinge. Im Jahr 2007 trennte das Krankenhaus beispielsweise zwei Mädchen aus Costa Rica, die sich eine Leber geteilt hatten. An der neunstündigen Operation waren 22 Menschen beteiligt, die Kosten werden auf ein bis zwei Millionen Dollar geschätzt. Eines der Mädchen benötigte aufgrund eines angeborenen Herzfehlers im Anschluss eine Operation am offenen Herzen, das andere wurde nochmals operiert, um seine Brusthöhle wiederherzustellen. Beide mussten sich danach noch weiteren Operationen unterziehen. Das Krankenhaus kam für alle Behandlungen auf, die Ärzte verzichteten auf ihr Honorar, und die Kosten für die Reise und den Aufenthalt der Familie in den USA – es dauerte etwa sechs Monate, bis es den Mädchen wieder gut genug ging, um nach Costa Rica zurückzukehren – wurden von einer Wohltätigkeitsorganisation namens Mending Kids International mitgetragen.

CNN zufolge rangierte Palo Alto mit einem mittleren Einkommen von 163 661 Dollar auf Platz 3 der reichsten Städte der USA.[4]

Was Rockefeller Philanthropy Advisors bei der Beschreibung dieser beiden Projekte verschweigt, ist die Tatsache,

---

stimmt, würde dies weder bedeuten, dass die Kosten für die Impfung der verbleibenden 16 % der Kinder auf der Welt genauso niedrig wären, noch, dass das zum gleichen Preis Leben rettete. Es ist anzunehmen, dass die Kosten für das Impfen der übrigen Kinder höher sind oder dass deren Risiko, an Masern zu erkranken, niedriger sein wird, was ebenfalls bedeutet, dass die Kosten pro verhindertem Tod höher ausfallen.

4 ⟨http://time.com/money/3318911/top-earning-towns-best-places/⟩.

dass die intensivmedizinische Behandlung eines Kindes in den Vereinigten Staaten in der Regel mehrere tausend Mal teurer ist als die Rettung eines Kinderlebens in einem Entwicklungsland. Und das betrifft nicht nur Ausnahmen wie die Trennung siamesischer Zwillinge. Die Pflege eines Neugeborenen auf der Intensivstation kostet in den USA etwa 3500 Dollar pro Tag; bei einem längeren Aufenthalt beläuft sich die Gesamtsumme oft auf mehr als eine Million Dollar.[5] Die Entscheidung, mit einer Million Dollar lieber Hunderte von Kindern vor den Masern zu schützen, als ein einziges Paar siamesischer Zwillinge zu trennen oder ein Frühgeborenes zu retten, sollte gar nicht so schwierig sein.[6] Regierungen müssen sich vielleicht in erster Linie um ihre eigenen Bevölkerungen kümmern, doch die Bürgerinnen und Bürger selbst haben keine derartige Pflicht.

Toby Ord verdanken wir ein weiteres Beispiel für die Kostenunterschiede bei der Hilfe für Menschen in wohlhabenden Ländern und Menschen anderswo. Vielleicht wurden auch Sie schon einmal von einer Organisation angeschrieben, die Geld sammelt, um blinden Menschen einen Blindenhund zur Verfügung zu stellen. Das klingt erst einmal unterstützenswert – aber nur, bis man die Kosten und die Alternativen in Erwägung zieht. Es kostet etwa 40 000 Dollar, einer Person in den USA einen Blindenhund zu stellen, wobei die Ausbildung von Hund und Herrchen den Löwenanteil verschlingt. Es kostet allerdings nur 20 bis 100 Dollar,

5 Jonathan Muraskas, Kayhan Parsi, »The Cost of Saving the Tiniest Lives. NICUs Versus Prevention«, in: *Virtual Mentor* 10 (2008), S. 655-658, ⟨http://virtualmentor.ama-assn.org/2008/10/pfor1-0810.html⟩.
6 Zugegebenermaßen ist so gut wie jede ethische Behauptung von irgendjemandem bestritten worden. In diesem Fall handelt es sich um John Taurek, »Should the Numbers Count?«, in: *Philosophy and Public Affairs* 6 (1977), S. 293-316; allerdings zeigt Derek Parfit in »Innumerate Ethics«, in: *Philosophy and Public Affairs* 7 (1978), S. 285-301, dass Taureks Argument unhaltbar ist.

jemanden vor einem Trachom zu bewahren, einer Augenentzündung, die die häufigste Ursache vermeidbarer Blindheit darstellt. Rechnen Sie nach, und Sie werden sehen, dass wir vor folgender Alternative stehen: Entweder bekommt jemand einen Blindenhund oder es werden zwischen 400 und 2000 Fälle von Blindheit in den Entwicklungsländern verhindert.[7]

Wenn ich meine Zuhörer in den USA davon zu überzeugen versuche, dass wir den Ärmsten der Welt helfen sollten, bekomme ich sehr oft zu hören, wir sollten erst einmal die Armen hierzulande unterstützen. Die Armut in den Vereinigten Staaten unterscheidet sich jedoch fundamental von derjenigen in den Entwicklungsländern. Tatsächlich unterscheiden sich die beiden sogar so grundsätzlich, dass selbst diejenigen, die es für vertretbar halten, ihren Landsleuten

---

7 Diesen Vergeich verdanke ich Toby Ord, »The Moral Imperative Towards Cost–Effectiveness«, 〈http://www.givingwhatwecan.org/sites/givingwhatwecan.org/files/attachments/moral_imperative.pdf〉. Ord kommt auf 20 Dollar zur Verhinderung einer Erblindung; ich war konservativer. Ord erklärt seine Schätzung der Kosten für die Bereitstellung eines Blindenhundes wie folgt: »Guide Dogs of America schätzt, dass die Ausbildung des Hundes 19 000 Dollar kostet; durch das entsprechende Training des Blinden verdoppeln sich die Kosten auf 38 000 Dollar. Andere Organisationen geben ähnliche Zahlen an, so schätzt Seeing Eye etwa, dass eine Mensch/Hund-Partnerschaft insgesamt 50 000 Dollar kostet, während Guiding Eyes for the Blind auf 40 000 Dollar kommt.« Seine Zahlen für die Prävention von Erblindungen durch die Behandlung von Trachomen stammen aus Joseph Cook et al., »Loss of Vision and Hearing«, in: Dean Jamison et al. (Hg.), *Disease Control Priorities in Developing Countries*, 2. Aufl. (Oxford: Oxford University Press, 2006), S. 954. Cook et al. geben pro Operation eine Summe von 7,14 Dollar und eine Heilungsrate von 77 % an. Ich danke Brian Doolan von der Fred Hollows Foundation für die Erörterung der Behauptung seiner Organisation, dass sie das Sehvermögen für 25 Dollar wiederherstellen kann. GiveWell veranschlagt 100 Dollar für Operationen, die 1-30 Jahre Blindheit und weitere 1-30 Jahre schlechtes Sehvermögens verhindern, warnt aber zugleich, dass die Zahlen nicht robust genug sind, um sehr großes Vertrauen in sie zu setzen.

den Vorrang einzuräumen, es sich vielleicht noch einmal überlegen, sobald sie alle Fakten kennen. Im Jahr 2012 lag die von der US-Regierung festgelegte Armutsgrenze für eine vierköpfige Familie bei 23 850 Dollar,[8] was 5963 Dollar pro Person bzw. 16,34 Dollar pro Person und Tag entspricht. Das ist nicht üppig, aber doch weit mehr als die von der Weltbank definierte Grenze »extremer Armut«: 1,25 Dollar täglich. Diese Zahl bezieht sich auf US-Dollar im Jahr 2005 (2014 entsprach das 1,53 Dollar) und soll den Mindestbetrag darstellen, den man zum Überleben braucht. Dieser Definition zufolge leben weltweit mehr als eine Milliarde Menschen in extremer Armut, so gut wie alle von ihnen in den Entwicklungsländern. Falls Sie denken, dass diese Zahl wegen der höheren Kaufkraft des Dollars in ärmeren Ländern irreführend ist, muss ich Sie enttäuschen, denn diese ist bereits mit eingerechnet. Die Zahl der Weltbank ist »kaufkraftparitätisch« – mit anderen Worten: Sie entspricht in jedem Land derjenigen Menge an Geld, für die man in der lokalen Währung genauso viel Essen und andere lebensnotwendige Güter kaufen kann wie für 1,53 Dollar im Jahr 2014 in den USA.[9] Wenn es legal in den USA lebende Menschen gibt, die weniger Geld haben, dann entgehen ihnen gesetzlich garantierte Leistungen in Höhe von monatlich 125 Dollar (bzw. 4 Dollar pro Tag).[10] Im Jahr 2014 nahmen fast 47 Millionen vergleichsweise arme Amerikaner an dem entsprechenden Hilfsprogramm teil. Alle mittellosen Amerikaner haben Zugang zu sauberem Trinkwasser, kostenloser Schulbildung für ihre Kinder, einer kosten-

8 Office of the Assistant Secretary for Planning and Evaluation, »2014 Poverty Guidelines«, ⟨http://aspe.hhs.gov/poverty/14poverty.cfm⟩.
9 Diese Summe wurde mittels ⟨http://www.in2013Dollar.com/⟩ berechnet, wobei der Verbraucherpreisindex des US Bureau of Labor Statistics verwendet wurde.
10 ⟨http://www.fns.usda.gov/pd/supplemental-nutrition-assistance-programsnap⟩, unter »Monthly Data – National Level: FY 2011 Through Latest Available Month«.

losen Gesundheitsversorgung (durch das US-amerikanische *Medicaid-Programm*) und in vielen Fällen auch Anspruch auf eine Sozialwohnung. Falls sie schwer erkranken, können sie sich in der Notaufnahme eines Krankenhauses melden; auch ohne Krankenversicherung ist dieses verpflichtet, sie zu behandeln, bis es ihnen besser geht. Hunderte Millionen Menschen in den Entwicklungsländern dagegen haben nichts von alledem.

In den Vereinigten Staaten arm zu sein bedeutet, relativ zu den meisten Mitgliedern einer Gesellschaft arm zu sein, die im historischen Vergleich außerordentlich wohlhabend ist. Diejenigen, die in extremer Armut in den Entwicklungsländern leben, sind dagegen arm in einem absoluten Sinn: Sie haben nicht einmal das Nötigste zum Leben. In den USA ist »Ernährungssicherheit« offiziell definiert als der »ständige Zugang aller Menschen zu ausreichend Nahrung für ein aktives und gesundes Leben«.[11] Eine Familie leidet dieser Definition zufolge also unter Nahrungsmangel, wenn einem Mitglied dieser Zugang für einen nicht näher spezifizierten Zeitraum fehlt.[12] Das könnte zum Beispiel passieren, wenn die Erwachsenen in der Familie von ihren Lebensmittelgutscheinen ausschließlich Softdrinks kaufen (was vollkommen legal ist) oder wenn sie die Gutscheine gegen Bargeld eintauschen, um sich Drogen oder Alkohol zu besorgen (was illegal ist, aber vorkommt). Erfährt das Jugendamt von Kindern, die stark unterernährt sind, werden diese woanders untergebracht, um sicherzustellen, dass sie genug zu essen bekommen. In Entwicklungsländern haben arme Familien

11 United States Department of Agriculture, Economic Research Service, Food Security in the U.S., ⟨http://www.ers.usda.gov/topics/food-nutrition-assistance/food-security-in-the-us.aspx#.U2eAh_m SySo⟩.
12 Siehe Holden Karnofsky, »Hunger Here v Hunger There«, 26.11. 2009, ⟨http://blog.givewell.org/2009/11/26/hunger-here-vs-hunger-there/⟩.

oft längere Zeit nicht ausreichend Nahrung, was dazu führen kann, dass die Kinder wegen Fehl- und Mangelernährung unterentwickelt bleiben. Frauen müssen oft drei Stunden am Tag laufen, um Wasser zu holen, und sie verbringen dann noch mehr Zeit mit dem Sammeln von Feuerholz, um das Wasser abzukochen und so trinkbar zu machen. Wenn Kinder dort an Durchfall erkranken, sind deren Eltern wahrscheinlich nicht in der Lage, irgendeine Art von medizinischer Versorgung für sie zu bekommen. Viele müssen mit ansehen, wie ihre Kinder an leicht behandelbaren Krankheiten sterben.

Ich bestreite nicht, dass Amerikaner über die Armut im eigenen Land tief besorgt sein sollten. In anderen wohlhabenden Staaten funktioniert die Sozialhilfe besser, sodass es den Bedürftigen dort – absolut gesehen – auch meistens besser geht, aber diese Länder tun ebenfalls noch zu wenig. In einem reichen Land arm zu sein, ist zweifellos sehr schwierig und oft erniedrigend. Mir geht es nur um die große Kluft zwischen dem Armsein in den USA und dem Leben in extremer Armut, so wie es die Weltbank definiert. Effektive Altruisten ziehen daraus eine wichtige Konsequenz: Ihr Geld bewirkt viel mehr, wenn sie damit Menschen unterstützen, die in Entwicklungsländern leben. Wir haben das bereits bei Maßnahmen der Gesundheitsfürsorge gesehen, und die Einkommensstatistiken, die ich zitiert habe, zeigen ganz klar, dass dies auch für andere Leistungen gilt, etwa für direkte Geldtransfers. Wenn eine vierköpfige Familie an der Grenze zur extremen Armut lebt, dann hat ihr Jahreseinkommen eine Kaufkraft von umgerechnet 2234 Dollar. Die Organisation GiveDirectly gibt solchen Familien in Afrika einmalig etwa 1000 Dollar. Für Familien, die an oder in der Nähe der extremen Armut leben, ist dies gleichbedeutend mit mindestens sechs Monatseinkommen, und wenn sie deutlich darunter liegen, kann es sogar ein ganzes Jahreseinkommen sein. Mit einem Teil des Geldes könnten sie beispielsweise Wellblech kaufen, um das undichte Stroh auf dem Dach über ihrem Kopf zu ersetzen. Dies hält die Familie und ihre Besitztümer trocken, wenn es regnet, und erspart ihr den jährlichen Austausch des Strohs. Den Rest verwendet sie womöglich dazu, ein kleines Geschäft zu eröffnen oder einfach mehr Lebensmittel zu kaufen. In den USA dagegen sind 1000 Dollar für eine arme Familie vielleicht ein Monatseinkommen. Wenn deren Mitglieder in einer Sozialwohnung leben und ihre Sozialleistungen vernünftig verwenden, werden sie kein Geld für Nahrung oder Unterkunft brauchen. Sind sie andererseits hungrig, weil sie ihre Lebensmittelgutscheine nicht für nahrhaftes Essen verwenden, dann stellt sich die Frage, ob sie die 1000 Dollar nicht auch verschleudern würden. Aus all diesen Gründen ist es unwahrscheinlich, dass das Geld einer armen Familie in Amerika so viel helfen wird wie einer afrikanischen.[13] Ob wir also lieber Bargeld, Essen oder Gesundheitsprogramme unterstützen: In jedem Fall werden wir mehr Gutes tun, wenn wir an Organisationen spenden, die sich um Menschen in den Entwicklungsländern kümmern.

Robert Wiblin bezeichnet den Unterschied, den man bewirken kann, wenn man sich für den besseren Spendenzweck entscheidet, als »altruistisches Arbitrieren«. Der Begriff »Arbitrage« kommt aus der Geschäftswelt: Werden zwei identische Produkte auf verschiedenen Märkten zu verschiedenen Preisen gehandelt, und sind die Kosten für den Transport des Produkts aus dem billigeren in den teureren Markt geringer als der Preisunterschied, dann wird es nicht lange dauern, bis jemand das Produkt da erwirbt, wo es billig ist, und es dann auf dem anderen Markt teuer wei-

---

13 Zu GiveWells Einschätzung des Nutzens von Geldtransfers siehe »Cash Transfers in the Developing World«, ⟨http://www.givewell. org/international/technical/programs/cash-transfers⟩.

terverkauft. Auf längere Sicht führt das in der Regel zum Verschwinden der Preisunterschiede. Wenn das Geschäft mit der Nächstenliebe genauso funktionierte, würden sich Philanthropen auf jede Gelegenheit stürzen, Gutes mit viel weniger Geld zu tun als üblich, und daher bestünden solche Gelegenheiten nie sehr lange. Doch der Spendensektor ist nicht ebenso stark auf Effektivität ausgerichtet wie der Finanzsektor auf Profit; einige gute Zwecke sind weniger beliebt als andere und werden daher vernachlässigt. Das erklärt, warum man für das gleiche Geld in den Entwicklungsländern so viel mehr Gutes bewirken kann. In den wohlhabenden Ländern helfen die Reichen durch staatliche oder private Unterstützung ihren ärmeren Mitbürgern bereits – vielleicht nicht genug, um diese von der Armut zu befreien, aber genug, um eine nachhaltige, positive Einflussnahme auf das Leben eines armen Amerikaners viel teurer zu machen als die gleiche Einflussnahme auf das Leben eines Menschen, der im weltweiten Vergleich arm ist. Wiblin rät daher Folgendes: »Konzentriere dich auf Gruppen, die dir wichtiger sind als anderen Menschen, und profitiere dabei von Strategien, gegen die andere Menschen Vorbehalte haben.«[14]

14 〈http://robertwiblin.com/2012/04/06/the-principle-of-altruistic-arbitrage/#comment-1450〉.

11. Sind manche Zwecke objektiv gesehen besser als andere?

Kommen wir noch einmal auf die Broschüre von Rockefeller Philanthropy Advisors zurück. Nachdem die verschiedenen Kategorien aufgezählt wurden, die wir im vorigen Kapitel beschrieben haben, geht es mit folgender Frage weiter: »Welche ist die dringlichste Aufgabe?« Diese wird auch sogleich beantwortet, und zwar mit der Feststellung, dass es darauf »offensichtlich keine objektive Antwort« gibt. Die Broschüre stellt die falsche Frage, aber selbst wenn es die richtige wäre, gäbe sie doch die falsche Antwort.

»Welche ist die dringlichste Aufgabe?« ist nicht die richtige Frage, weil ein potenzieller Spendengeber sich stattdessen fragen sollte: »Wo kann ich am meisten Gutes tun?« Betrachten wir meine eigene Situation in den Jahren 1972 und 1973. Zu jener Zeit schrieb ich über zwei verschiedene Dinge: in »Hunger, Wohlstand und Moral« über die globale Armut und in »Animal Liberation« über unseren Umgang mit Tieren.[1] Das waren damals beileibe nicht die einzigen Themen – der Vietnamkrieg dauerte immer noch an, und auch die Gefahr eines Atomkriegs zwischen den USA und der Sowjetunion war nicht zu vernachlässigen. Ich war damals bereits Vegetarier, hatte gegen den Vietnamkrieg protestiert und spendete für Oxfam. Wofür sollte ich meine Zeit, Energie und Überzeugungskraft einsetzen? Ich versuchte nicht, diese Frage durch Nachdenken darüber zu entscheiden, welches Thema das *dringlichste* oder gar das *wichtigste* sei, sondern indem ich überlegte, wo ich das *meiste* bewirken könn-

1 *New York Review of Books*, 5.4.1973.

148

te. Meine Wahl fiel auf das Problem des Tierleids, denn während bereits viele fähige Leute über die weltweite Armut, den Vietnamkrieg und die nukleare Abrüstung nachdachten und stritten, befürworteten nur sehr wenige umsichtige Menschen eine radikale Veränderung des moralischen Status von Tieren. Es gab schon eine Tierschutzbewegung, der es aber hauptsächlich um unsere Grausamkeit gegenüber Hunden, Katzen und Pferden ging; kaum jemand verschwendete einen Gedanken an die Nutztiere, denen doch die überwältigende Mehrheit des von Menschen verursachten Leids angetan wurde und immer noch angetan wird.

Heute stehen wir in Bezug auf die Themen Klimawandel und Malaria vor einer ähnlichen Situation. So gut wie alle kompetenten Wissenschaftler halten es für unumgänglich, sich schnell und im internationalen Maßstab auf eine Verringerung des Ausstoßes von Treibhausgasen zu einigen. Viele Regierungen und Organisationen arbeiten jedoch bereits an einem solchen Abkommen, und private Spendengeber können daher nicht sicher sein, irgendeinen Einfluss auf diese Entwicklung nehmen zu können. Im Gegensatz dazu ist die Verteilung von Moskitonetzen (zum Schutz von Kindern vor der Malaria) zumindest aus einer globalen Perspektive zwar weniger dringlich, aber dafür kann ein Einzelner leichter dabei mithelfen, dass mehr Netze verteilt werden. Man sollte also nicht danach fragen, welches Problem das dringlichste ist, sondern danach, zur Lösung welches Problems man selbst am meisten beitragen kann. Und damit ist nicht der größte Beitrag in diesem Moment, Monat oder Jahr gemeint, sondern der längste Zeitraum, für den man die Konsequenzen der eigenen Handlungen voraussehen kann.

Wenn wir nun also diese Frage stellen, ist es dann immer noch offensichtlich, dass sie keine objektive Antwort hat?

Angenommen, Ihnen stünden 100 000 Dollar zur Verfügung, um die bestmögliche Sache zu unterstützen. Das örtliche Kunstmuseum braucht gerade Geld für einen Anbau, um weitere Exponate auszustellen. Gleichzeitig werden Sie gebeten, für eine Organisation zu spenden, die unter einem Trachom leidenden Menschen in Entwicklungsländern mittels einer OP das Augenlicht zurückgibt. Schauen wir einmal, was auf dem Spiel steht. Angenommen, der neue Museumsanbau kostet 50 Millionen Dollar, und im Lauf seiner voraussichtlich fünfzigjährigen Nutzung erfreuen sich pro Jahr eine Million Menschen daran; insgesamt wären das also 50 Millionen aufgewertete Museumsbesuche. Da Sie 1/500 der Kosten tragen würden, hätten 100 000 Besucher ihre gesteigerten ästhetischen Erfahrungen Ihnen zu verdanken. Und wenn Sie lieber mithelfen, Leute von ihrer Blindheit zu heilen? Legen wir die konservativste der im vorigen Kapitel diskutierten Zahlen zugrunde, dann kostet es durchschnittlich 100 Dollar, einen Fall von Blindheit zu heilen oder zu verhindern; eine Spende von 100 000 Dollar dürfte also 1000 Armen in den Entwicklungsländern das Augenlicht retten oder wiedergeben.

Auf der einen Seite haben wir also eine gesteigerte ästhetische Erfahrung für 100 000 Museumsbesucher, auf der anderen Seite haben wir 1000 Menschen 15 Jahre Blindheit und damit auch all jene Probleme erspart, die armen Menschen ohne soziale Absicherung drohen. Eine blinde Person wird wahrscheinlich nicht arbeiten können, sodass deren Familie ein Einkommen verliert; ist eine Frau mit kleinen Kindern betroffen, muss oft die älteste Tochter aushelfen, daher früh von der Schule abgehen und so auf ihre Bildungschancen verzichten. Wie lassen sich diese beiden sehr unterschiedlichen Ergebnisse nun vergleichen und bewerten?

Intuitiv wird man vielleicht folgende Antwort geben: Der Unterschied zwischen der Vermeidung von 15 Jahren Blindheit und dem Verzicht auf den gesteigerten Kunstgenuss ist so groß, dass wir gar nicht genau nachrechnen müssen. *Keine* Anzahl von aufgewerteten Museumsbesuchen ist groß genug, um jemanden dafür mit so vielen Jahren der Blindheit zu strafen. Der Harvard-Philosoph Thomas Scanlon verteidigt eine derartige Ansicht. Er will, dass wir uns eine Situation vorstellen, in der ein Fernsehtechniker während eines Footballspiels einen Unfall hat. Er muss starke Schmerzen erdulden, die nicht gelindert werden können, ohne die Live-Übertragung zu unterbrechen und damit alle Zuschauer vor den Bildschirmen um das Spiel zu bringen, das noch eine Stunde dauern wird. Scanlon zufolge macht es keinen Unterschied, wie viele Fans das Spiel genießen; auch wenn es eine Milliarde wären, sollten wir nicht versuchen, ihre Freuden gegen die Schmerzen des Technikers aufzurechnen. Angesichts der Bedürfnisse derer, die – in Scanlons Worten – »massiv belastet« sind, hat die Summe der kleineren Freuden vieler kein »rechtfertigendes Gewicht«.[2]

Diese Antwort klingt plausibel und spricht ja auch dafür, den Ärmsten und nicht den Museen zu helfen. Dennoch fühlen sich viele effektive Altruisten nicht wohl dabei, eine scharfe Grenze zwischen massiven Belastungen und einer beliebigen Anzahl kleinerer Übel zu ziehen, die dann überhaupt keine Rolle mehr spielen dürfen.[3] Wer hier ebenfalls ein ungutes Gefühl hat, dem steht glücklicherweise ein weiterer Weg offen, die Ansicht zu verteidigen, dass wir lieber die Blindheit von 1000 Menschen bekämpfen, als den ästhetischen Genuss von 100 000 Besuchern steigern sollten.

Versuchen Sie sich an diesem Gedankenexperiment: Angenommen, Sie besuchen das Kunstmuseum, aber entweder inklusive oder exklusive des neuen Flügels. Natürlich

2 Thomas Scanlon, *What We Owe to Each Other* (Cambridge: Harvard University Press, 1998), S. 230, 235.
3 Solche Intuitionen können philosophisch verteidigt werden. Siehe zu einer Antwort auf Scanlon in dieser Frage Derek Parfit, *On What Matters* (Oxford: Oxford University Press, 2011), Bd. 2, S. 193-212.

würden Sie sich zunächst einmal alles ansehen wollen. Stellen Sie sich nun jedoch einen bösen Dämon vor, der den neuen Trakt nicht leiden kann. Von 100 Menschen, die diesen besichtigen, wählt er jeweils einen aus und schlägt ihn mit 15 Jahren Blindheit. Sie wären verrückt, wenn Sie dann immer noch hingingen. Selbst wenn der böse Dämon nur einen von 1000 Leuten blendet, wäre es das Risiko meiner Ansicht nach immer noch nicht wert (und dem dürften wohl die meisten zustimmen). Falls Sie das genauso sehen, dann sagen Sie damit faktisch auch, dass das Erblinden einer Person schwerer wiegt als der Nutzen, den 1000 Personen aus dem Besuch des Anbaus ziehen. Daher wäre eine Spende, die einem Menschen das Blindsein erspart, mehr wert als eine, die es tausend Menschen ermöglicht, den neuen Museumsflügel zu besuchen. Aber bei unserer ursprünglichen Frage ging es um die Entscheidung zwischen 100 000 Museumsbesuchern und 1000 Blinden. Das Verhältnis beträgt also nicht 1000:1, sondern nur 100:1. Falls Sie sich folglich gegen den Museumsbesuch entschieden hätten, auch wenn sich der böse Dämon nur jeden tausendsten Besucher vornähme, dann sollten Sie die Spende zur Behandlung oder Verhinderung der Blindheit für mindestens zehnmal so gut halten wie eine Spende für das Museum. Würden Sie sich den neuen Flügel ansehen, falls der Dämon nur einen von tausend erwischt, aber nicht, falls er sich jeden zweihundertsten schnappt, dann folgt daraus, dass Ihnen die Spende für die Kranken immer noch doppelt so wichtig sein sollte.

Ökonomen verwenden derartige Methoden zum Vergleich ganz verschiedener Leistungen, um zu beurteilen, wie sehr Leute bestimmte Sachverhalte wertschätzen. Solche Verfahren sind problematisch, weil viele Menschen scheinbar nicht vernünftig über Situationen nachdenken können, in denen etwas sehr Schlimmes mit geringer Wahrscheinlichkeit passiert. (Aus diesem Grund brauchen wir zum Beispiel die

Gurtpflicht.) Man kann aber auch noch anders über das Problem nachdenken: Wie viele Stunden oder Tage des Blindseins würden Sie in Kauf nehmen, um das ganze Museum sehen zu dürfen? 15 Jahre sind 5475 Tage; sind Sie also nicht bereit, 54,75 Tage blind zu werden, um den Anbau zu sehen, dann stimmen Sie zu, dass die Spende für das Museum die schlechtere Wahl darstellt. Würden Sie nicht einmal 5,475 Tage blind sein wollen, um durch den neuen Flügel zu spazieren, dann sollte Ihnen die Spende für jene, die unter einem Trachom leiden, vernünftigerweise zehnmal besser vorkommen. (Und diese Berechnungen berücksichtigen noch nicht einmal Ihr Wissen, dass Sie Ihre Sehkraft nach der angegebenen Anzahl von Tagen wiedererlangen werden, was es viel leichter macht, die Blindheit zu ertragen.)[4]

Um in der Praxis Entscheidungen treffen zu können, brauchen wir die bestmöglichen Informationen. Die gerade verwendeten Zahlen sollten das Beispiel simpel halten, sie sind jedoch nicht unrealistisch. 1987 errichtete das Metropolitan Museum of Art in New York (»Met«) für 26 Millionen Dollar den »Lila-Acheson-Wallace-Flügel«, um seine Sammlung moderner Kunst dort unterzubringen. Im Jahr 2014 entsprach das 54 Millionen, und in diesem Jahr kündigte das Met auch an, den Flügel umzubauen oder »möglicherweise von Grund auf« neu zu errichten, womit er nicht einmal die 50 Jahre überdauert hätte, die ich in unserem Beispiel angesetzt hatte. Der neue Trakt wird wohl außerdem erheblich teurer werden als 50 Millionen Dollar. »Projekte dieser Größenordnung«, kommentierte die *New York Times*, »kosten in der Regel Hunderte von Millionen«. Das Museum lockt mehr als 6 Millionen Besucher pro Jahr an, aber nur wenige besichtigen es zur Gänze. Da die moderne Kunst zudem nicht die Stärke des Met ist, dürften eine Million Be-

---

4 Ich danke Shelly Kagan für den Vorschlag, wir könnten statt des Risikos einer Erblindung Zeiten vorübergehender Blindheit betrachten.

sucher im Jahr eine vernünftige Schätzung sein. (Zum Vergleich: Als das Museum 2012 neue Galerien für amerikanische Gemälde, Skulpturen und Kunsthandwerk eröffnete, dauerte es 18 Monate, bis diese insgesamt eine Million Besucher verzeichnet hatten – rund 11 % der Gesamtbesucherzahl des Museums in diesem Zeitraum.) Der Ausbau und die Renovierung des Museum of Modern Art in New York (MoMA), die im Jahr 2004 abgeschlossen wurden, kosteten 858 Millionen Dollar – 17-mal so viel wie unser hypothetischer Anbau; andererseits hat das MoMA rund drei Millionen Besucher pro Jahr, also drei Mal so viele wie in meinem Beispiel,[5] was dann noch mehr als fünf Mal so hohen Kosten pro Besucher entspricht. Der verbleibende Unsicherheitsfaktor sind die Kosten für die Prävention oder Heilung der Blindheit. Die Fehlertoleranz meines Beispiels ist jedoch groß genug, um den Schluss zu rechtfertigen, dass die Summen, die das Met und das MoMA für Renovierungen und Erweiterungen ausgegeben oder verplant haben, besser denjenigen hätten zugutekommen sollen, die zu arm sind, um sich eine Behandlung zur Wiederherstellung oder Erhaltung ihrer Sehkraft leisten zu können. Damit will ich nicht sagen, die Museen selbst hätten das Geld ablehnen

---

5 Zum Metropolitan Museum of Art: Robin Pogrebin, »In the Met's Future, a Redesigned Modern Art Wing«, *New York Times*, 19.5.2014; Metropolitan Museum of Art, »Modern Art. Lila Acheson Wallace Wing«, ⟨http://www.metmuseum.org/about-the-museum/press-room/general-information/2005/modern-artbrlila-acheson-wallace-wing⟩, und »Metropolitan Museum Reaches One Million Visitors in 18 Months to New Galleries for American Paintings, Sculpture, and Decorative Arts«, ⟨http://www.metmuseum.org/about-the-museum/press-room/news/2013/american-wing-one-million-visitors⟩. Über das MoMA: Carol Vogel, »MoMA to Gain Exhibition Space by Selling Adjacent Lot for $ 125 Million«, *New York Times*, 3.1.2007; Museum of Modern Art, Inside Out, 28.6.2011, ⟨https://www.moma.org/explore/inside_out/2011/06/28/counting-down-to-the-years-endin-june⟩.

oder weitergeben müssen. Sie wurden zu einem anderen Zweck gegründet, und wenn sie ihre Mittel verwenden, um den Armen auf der Welt zu helfen, verstoßen sie vermutlich gegen ihre Statuten, was vielleicht Klagen von Spendengebern nach sich zöge. (Vielleicht könnten die Museen es aber als Teil ihres Auftrags sehen und rechtfertigen, Menschen das Augenlicht zu schenken, weil diese dann in der Lage wären, Museen zu besuchen und deren Exponate zu würdigen?) Individuelle Spender sind allerdings frei von solchen Verpflichtungen. Sie sollten sich darüber Gedanken machen, wo ihre Mittel das Beste bewirken, und es dürfte klargeworden sein, dass Kunstmuseen dafür nicht den richtigen Ort darstellen.

In ihrer Antwort auf eine in der *New York Times* veröffentlichte Kritik von mir verteidigte Melissa Berman, die Präsidentin und Geschäftsführerin von Rockefeller Philanthropy Advisors, den Ansatz ihrer Broschüre.[6] Ihr Leserbrief geht auf die Bedeutung der Kunst, auf persönliche Überzeugungen hinsichtlich unterstützenswerter Projekte und auf die Frage der Objektivität ein. Über die Kunst schreibt sie: »Die Künste sind nicht bloß flüchtige Unterhaltung. Durch sie teilen wir eine Kultur, fordern zum Denken heraus und erfahren die Welt. Sie sind ein Wirtschaftsfaktor und ein pädagogisches Instrument.« Als Aaron Moore seinen ganzen Besitz in einer Kunstgalerie feilbot, forderte er uns in der Tat zum Nachdenken über eine wichtige Frage auf, und der ganze Erlös kam den Armen zugute, sodass er tatsächlich etwas damit bewirkte, aber es wäre nicht leicht, von vielen zeitgenössischen Künstlern das Gleiche zu behaupten.[7] Jeff Koons ist jemand, der die Bedeutung der sozialen Dimension der Kunst betont: »Wenn die Kunst kei-

---

6 Melissa Berman, »In Charitable Giving, No ›Hierarchy of Goodness‹«, Leserbrief, *New York Times*, 19.8.2014.
7 Siehe zu Aaron Moore Kapitel 3.

nen Bezug zur Gesellschaft hat, wird sie vollkommen hemmungslos, so wie Sex ohne Liebe.« Das wirft natürlich die Frage auf, ob seine Kunst die Gesellschaft verändert hat, und wenn ja, in welcher Weise.

In dem Interview, in dem er die eben zitierte Bemerkung machte, bezieht sich Koons auf das, was er seine »Jim-Beam-Arbeit« nennt. Dieses Werk wurde in einer Ausstellung namens »Luxus und Erniedrigung« gezeigt, die der *New York Times* zufolge »Seichtigkeit, Exzess und die Gefahren des Luxus der hochfliegenden Achtziger untersuchte«. Beschrieben wird das Werk als ein »drei Meter langer Zug aus Edelstahl, der mit Bourbon gefüllt ist«.[8] Laut Koons »definiert es die Klassenstruktur durch die Verwendung von Luxus-Metaphern« und »steht im Widerspruch« zu der Tendenz, die Gesellschaft in nur zwei Gruppen aufzuteilen, nämlich Menschen mit hohem und Menschen mit niedrigem Einkommen.[9] Leider zeugt das Schicksal von Koons' mit Bourbon gefülltem Zug von der Fähigkeit des Kunstbetriebs, sich Werke ungeachtet der Absichten ihrer Schöpfer einzuverleiben und in hochpreisige Konsumgüter zu verwandeln. Christie's versteigerte Koons' Werk 2014 für 33,7 Millionen Dollar – ein Preis, der darauf hindeutet, dass die Arbeit gerade diejenigen ansprach, gegen die sie eigentlich gerichtet war.[10] Letzten Endes wurde sie zu genau dem, wofür sie metaphorisch stehen sollte: zu einem Sinnbild für Luxus und Erniedrigung.

Kunst kann sicherlich der Bildung dienen, doch der Bau

---

8 »An Auctioneer Comes Back to the Business«, *New York Times*, 10. 4. 2014.

9 Aus einem Interview mit Giancarlo Politi und Helena Kontova, *Flash Art* 132 (1987), abrufbar unter ⟨http://www.flashartonline.com/in terno.php?pagina=articolo_det&id_art=348&det=ok&title=JEFF-KOONS⟩.

10 Carol Vogel, »Asian Collectors Give Christie's a High-Yield Night«, *New York Times*, 14. 5. 2014.

neuer Museen ist wohl nicht der kostengünstigste Weg dazu. Wir haben andere, aber ebenso gute oder sogar bessere Möglichkeiten, etwas von Kunstwerken zu lernen, als in großen Gruppen um sehr teure Gemälde herumzustehen, die hinter Absperrungen oder Panzerglas hängen. Hätten Museen wirklich das Ziel, der Öffentlichkeit die Kunst näherzubringen, würden sie lieber ein paar tausend Dollar für die besten Reproduktionen ausgeben und die Besucher dann möglichst nah an diese heranlassen.

Um Missverständnissen vorzubeugen: Das Erschaffen von und das Vergnügen an Kunstwerken hat seinen Wert. Für viele Menschen sind Zeichnen, Malen, Bildhauern, Singen oder das Spielen eines Instruments unverzichtbare Formen des Selbstausdrucks, ohne die ihr Leben ärmer wäre. In allen Kulturen und in allen möglichen Situationen machen Menschen selbst dann Kunst, wenn sie ihre grundlegenden materiellen Bedürfnisse nicht befriedigen können, und andere Menschen genießen es, diese Kunstwerke zu erleben. In einer Welt, in der jeder Mensch ausreichend Nahrung, eine medizinische Grundversorgung, Zugang zu adäquaten sanitären Einrichtungen sowie eine Schulplatzgarantie für alle seine Kinder hat, wäre eine Spende für ein Museum kein Problem. Guten Gewissens dürfte man dann Museen und andere Institutionen unterstützen, die allen Interessierten die Möglichkeit verschaffen, originale Kunstwerke zu sehen, sowie (was meiner Meinung nach wichtiger ist) denjenigen, die sich durch das Schaffen von Kunst ausdrücken wollen, auch die Gelegenheit dazu geben. Leider leben wir nicht in einer solchen Welt, zumindest noch nicht.

Berman stützt sich auf die Erfahrung von Rockefeller Philanthropy Advisors, um zu erklären, warum man potenziellen Spendern lieber ihre »persönlichen Überzeugungen« bei der Auswahl einer Wohltätigkeitsorganisation lässt. Dies führe nämlich dazu, dass diese mehr und regelmäßiger Geld geben. Das mag so sein, aber wenn das der Preis ist, den man zahlen muss, damit die Leute für die beste Sache spenden, dann ist er es vielleicht wert. Um dies zu entscheiden, müssten wir einen Vergleich anstellen zwischen derjenigen Organisation, die der Spendengeber momentan am liebsten unterstützt, und der effektivsten Organisation, von der wir ihn überzeugen können. Wir haben gesehen, dass manche Hilfsorganisationen mit dem gleichen Geld hundert- oder sogar tausendmal mehr Gutes tun als andere. Die Augenoperation anstelle des Blindenhundes ist ein Beispiel dafür, der Weltbankmitarbeiter, den ich Gorbi genannt habe, ist ein anderes: Er fand sogar noch unter den Projekten, die die Bank bereits geprüft hatte und zu finanzieren bereit war, eine sechsfache Differenz bei den Kosten zur Verhinderung einer ungewollten Geburt.[11] Selbst wenn Menschen also viel weniger spenden, falls man versucht, ihre Überzeugungen zu ändern, kann das Ergebnis noch immer positiv ausfallen. Ein Spender gibt dann zwar vielleicht nur noch halb so viel; leistet die neue Organisation jedoch hundertmal mehr Gutes als die alte, dann wird es sich fünfzigfach bezahlt machen, ihn von den Vorteilen der effektiveren Einrichtung zu überzeugen.

Darüber hinaus ist es in manchen Fällen sogar schädlich, Leute nicht von ihren Überzeugungen abzubringen. In den USA kann man zum Beispiel seine Spende an das Whittington Center der National Rifle Association (NRA) von der Steuer absetzen. Diese karitative Einrichtung firmiert auf der »Feuerwaffen für die Freiheit«-Website der NRA als »Amerikas beste Schießsportanlage« und bietet »eine Vielzahl an Schießständen, eine Schrotflinten-Anlage, geführte und ungeführte Jagden sowie ein Abenteuercamp für jüngere Schützen«.[12] Führen die Versuche, jemanden vom Spenden für die-

11 Siehe oben, S. 76f.
12 ⟨http://www.nrafff.com/ways-of-giving/tax-deductible-gifts.aspx⟩.

se der NRA nahestehende Organisation abzubringen, dazu, dass er überhaupt nicht mehr spendet, dann wäre das schon ein Erfolg. Schadet die Wohltätigkeitseinrichtung niemandem, bewirkt aber auch kaum etwas Gutes, dann bedeutet die Tatsache, dass die Spende steuerlich abzugsfähig ist, dass die Steuerzahler für etwa 40 % der Spenden von Personen mit hohem Einkommen aufkommen müssen. Dies zieht staatliche Fördergelder aus nutzbringenderen Bereichen ab.

In jedem Fall ist die Frage, ob es klug ist, Menschen dazu bringen zu wollen, für den objektiv gesehen besten Zweck zu spenden, von der Frage zu unterscheiden, ob es objektiv gesehen überhaupt bessere Zwecke gibt. Die Antwort auf die erste Frage hängt von den Folgen ab, die es hat, Menschen zum Spenden für den objektiv gesehen besten Zweck zu überreden. Bei der Abwägung dieser Folgen sollten wir berücksichtigen, dass einige Geber mit ihrem Geld einzig und allein so viel Gutes wie möglich tun möchten. Die Einstellung dieser Menschen sollten wir fördern, während die Aussage, dass es »offensichtlich keine objektive Antwort« auf eine solche Frage gibt, ihre Begeisterung für dieses rühmliche Unterfangen doch nur dämpfen kann.

12. Schwierige Vergleiche

Ich habe dafür argumentiert, dass es objektive Antworten auf die Frage gibt, für welchen Zweck man am besten spenden sollte. Das bedeutet nicht, dass sich die Frage auch immer entscheiden lässt. Berman nimmt mein Beispiel der Behandlung von Blinden zum Anlass, um uns viele verschiedene Fälle vor Augen zu führen:

> Wenn 100 000 Dollar 1000 Menschen das Augenlicht retten können, ist das dann besser, als mit diesem Geld Verhungernde zu retten? Sich misshandelter Tiere anzunehmen? Frauen vor Vergewaltigung zu schützen? Die Gletscher vor dem Schmelzen zu bewahren? Bildungsangebote bereitzustellen? Wohnungen? Was ist mit einer verantwortungsbewussteren Regierung? Es gibt keine exakten Antworten auf diese Fragen, und auch eine vernünftige Folgenabschätzung wird keine herbeizaubern. Sie erlaubt uns nur, Programme miteinander zu vergleichen, die ähnliche Ziele verfolgen, kann uns aber nicht verraten, wer unserer Hilfe am dringendsten bedarf. Es mag schwer sein, aber diese Frage muss jeder für sich selbst beantworten.

In einigen dieser Fälle *gibt* es Vergleichsverfahren, auch wenn sie schwierige philosophische Probleme aufwerfen und daher umstritten sind, in anderen Fällen verfügen wir tatsächlich über keinerlei Vergleichsmaßstäbe.

Fangen wir mit Bermans erstem Beispiel an. Sie gesteht uns das Wissen zu, dass wir für 100 000 Dollar 1000 Blinde heilen können, doch müssen wir zusätzlich wissen, wie viele Verhungernde sich mit der gleichen Summe retten lassen. Das wird von den spezifischen Umständen abhängen, in denen sich diese Menschen befinden; nehmen wir daher um des Beispiels willen an, dass 100 000 Dollar genügen, um 500 Leute, die dann die für ihre Region übliche Lebenserwartung haben werden, vor dem Verhungern zu bewahren.

Nun müssen wir das Heilen von Blinden mit dem Retten von Leben vergleichen. Das sieht auf den ersten Blick unmöglich aus, doch auf dem Gebiet der Gesundheitsökonomie existiert eine umfangreiche Literatur zu genau solchen Vergleichen, und mehrere Länder verwenden von Gesundheitsökonomen entwickelte Verfahren, um zu entscheiden, wie die für ihr Gesundheitssystem zur Verfügung stehenden Mittel aufgeteilt werden sollten. In Großbritannien zum Beispiel nutzt das National Institute for Health and Care Excellence (NICE) diese Methoden, um den Verantwortlichen der Gesundheitsbehörde NHS diejenigen Medikamente und Behandlungen vorzuschlagen, die Briten bei Bedarf kostenlos in Anspruch nehmen dürfen. Anders als in den USA, wo den Politikern das Wort »Rationierung« in diesem Zusammenhang nicht über die Lippen kommt, macht die britische Regierung kein Hehl aus der Tatsache, dass einige Behandlungen zwar nützlich sind, aber dennoch nicht verschrieben werden, weil sie sich nicht lohnen. Um hier richtige Einschätzungen vornehmen zu können, stützt sich NICE für jede Behandlung auf Schätzungen der Kosten für ein sogenanntes qualitätsbereinigtes Lebensjahr (QALY). Diese Idee lässt sich folgendermaßen erläutern: Stellen Sie sich vor, Sie litten unter einer schweren chronischen Krankheit, die Sie vielleicht auch ans Bett fesselt. Außerdem nehmen wir an, Ihre Lebenserwartung betrage 40 Jahre. Nun schlägt Ihnen Ihre Ärztin eine neue Behandlung vor, die Ihre Gesundheit vollständig wiederherstellen kann. Aber es gibt einen Haken: Die Behandlung reduziert gleichzeitig Ihre Lebenserwartung. Natürlich fragen Sie die Ärztin als Erstes danach, *wie stark* Ihre Lebenserwartung sinken würde, doch sie muss einen dringenden Anruf entgegennehmen, bevor sie die Frage beantworten kann. Das gibt Ihnen Zeit zu überlegen, wie viel Ihnen Ihre Gesundheit wert ist. Wird die neue Behandlung Sie vielleicht 10 Jahre Ihres Lebens kosten? Das hieße, das Krankenbett verlassen und noch 30 Jahre lang normal leben können – ein gutes Angebot, das Sie annehmen würden. Verlören Sie aber 30 Jahre, dann wäre es das doch nicht wert. Nach einigem Hin und Her kommen Sie schließlich zu einem Punkt, an dem Sie sich zwischen den beiden Alternativen nicht mehr entscheiden können. Nehmen wir an, dass dieser Gleichgewichtspunkt bei 20 Jahren liegt, sodass Sie also die Hälfte Ihrer Lebenserwartung aufgeben müssten, um Ihre Gesundheit wiederzuerlangen. Nun können wir schließen, dass Ihnen ein Jahr im Krankenbett nur halb so viel wert ist wie eines bei normaler Gesundheit. Läge Ihr »Indifferenzpunkt« stattdessen nur 10 Lebensjahre niedriger, dann würden Sie ein Jahr mit Krankheit so hoch bewerten wie ein Dreivierteljahr ohne; bei 30 Jahren wäre es nur noch ein Vierteljahr. Wofür auch immer Sie sich entscheiden: Das Übel, das Ihre Erkrankung für Sie bedeutet, und das Übel, das Ihr Tod für Sie bedeutet, sind vergleichbar geworden. Und dadurch wird eine Kosten-Nutzen-Rechnung möglich, die die Heilung Ihrer Krankheit gegen die Rettung Ihres Lebens abwägt.

Die Weltgesundheitsorganisation (WHO) hat ein ähnliches Konzept entwickelt, um mit einem vergleichbaren Problem fertigzuwerden. Um Prioritäten setzen zu können, wollte sie die weltweiten negativen Folgen verschiedener Krankheiten abschätzen. Dazu musste sie eben die Vergleiche anstellen, die Berman erwähnt – zum Beispiel muss man tödliche Krankheiten jenen gegenüberstellen, die Menschen erblinden lassen. Zu diesem Zweck benutzt die WHO das »behinderungsbereinigte Lebensjahr« (DALY), das einem Lebensjahr bei voller Gesundheit entspricht. Wie bei den QALY wird ein Lebensjahr mit einer Behinderung deren Schwere entsprechend abgewertet. Das Ausmaß der Abwertung wird durch verschiedene Verfahren festgelegt, darunter auch repräsentative Interviews. Für die WHO-Studie der globalen Krankheitslast für das Jahr 2010 führte ein großes Team von Forschern fast 14000 persönliche Interviews in mehreren Ländern durch und ergänzte die gewonnenen Ergebnisse noch durch eine Internet-Umfrage. Im Großen und Ganzen unterschieden sich die Resultate von Kultur zu Kultur kaum. Im Fall der Blindheit ermittelten die Forscher eine Abwertung von 0,2.[1] Das bedeutet: Ein Jahr blind sein entspricht 0,8 Jahren gesund sein, oder anders herum, einer Person 5 Jahre der Blindheit zu ersparen, entspricht der Verlängerung eines gesunden Lebens um ein Jahr. Legt man diese sowie unsere hypothetischen Zahlen von oben zugrunde, dann führt die unbehandelte Blindheit zum Verlust von $1000 \times 0,2 = 200$ DALY und das Verhungern zum Verlust von 500 DALY jährlich. Diese Zahlen sprächen dafür, den Hunger zu stillen.

Es ist nicht schwer, Argumente gegen solche Abwertungsraten und Messmethoden zu finden.[2] Wer soll diese Bewertung für uns vornehmen: Gesunde Mitglieder der Gesellschaft? Oder die Betroffenen? Einerseits wirft die psycholo-

1 J. Salomon et al., »Common Values in Assessing Health Outcomes from Disease and Injury. Disability Weights Measurement Study for the Global Burden of Disease Study 2010«, in: *Lancet* 380 (2012), S. 2129-2143.
2 Zu einer Kritik dieser Abwertungsrate für die Blindheit siehe H. Taylor et al., »Disability Weights for Vision Disorders in Global Burden of Disease Study«, in: *Lancet* 381 (2013), S. 23, sowie die Antwort von J. Salomon et al. in der gleichen Nummer der Zeitschrift, S. 23 f. Zur allgemeineren Frage, mit welchen Methoden solche Zahlen zu erhalten sind, siehe John McKie et al., *The Allocation of Health Care Resources. An Ethical Evaluation of the »QALY« Approach* (Aldershot, U. K.: Ashgate Publishing, 1998).

gische Forschung große Zweifel an der Zuverlässigkeit von Einschätzungen gesunder Menschen auf, die sich vorstellen sollen, unter verschiedenen Gebrechen zu leiden. Andererseits könnten Menschen, die sich an ihre Krankheit gewöhnt haben, vergessen, wie viel besser es war, gesund zu sein. Sogar Personen, die gebeten werden, eine gerade erst gemachte schmerzhafte Erfahrung zu bewerten, scheinen sich täuschen zu können.[3]

GiveWell hat weitere Bedenken bezüglich der QALY geäußert. In einem Blogpost stellt Holden Karnofsky drei hypothetische Szenarien vor, die alle gleich viel kosten sollen:

1. Wir können den Tod von 100 Kleinkindern verhindern, allerdings in dem Wissen, dass diese Kinder im Laufe ihres etwa 40 Jahre langen Lebens aller Voraussicht nach ein niedriges Einkommen haben und bei schlechter Gesundheit sein werden.

2. Wir können 100 Menschen eine dauerhafte, ausreichende Ernährung und Gesundheitsversorgung garantieren, sodass sie relativ gesund leben werden, anstatt mit Mangelerscheinungen und Fehlentwicklungen (geringeres Gewicht, geringere Größe und Intelligenz sowie andere Symptome) zu kämpfen. (Auch wenn das unrealistisch ist, nehmen wir der Einfachheit halber an, dass dies keinen Einfluss auf ihre Lebenserwartung hat – auch sie leben etwa 40 Jahre lang.)

3. Wir können bei 10 000 Menschen einen Fall von relativ milder, nichttödlicher Malaria (etwa ein Fieber, das ein

---

3 Zu Forschungen, die unsere Urteile sogar hinsichtlich kürzlich erfahrener schmerzhafter oder unangenehmer Erfahrungen in Zweifel ziehen, siehe Donald Redelmeier, Daniel Kahneman, »Patients' Memories of Painful Medical Treatments. Real-time and Retrospective Evaluations of Two Minimally Invasive Procedures«, in: *Pain* 66:1 (1996), S. 3-8, und Donald Redelmeier, Joel Katz, Daniel Kahneman, »Memories of Colonoscopy. A Randomized Trial«, in: *Pain* 104 (2003), S. 187-194.

paar Tage dauert) verhindern, ohne damit größeren Einfluss auf den Rest ihres Lebens zu nehmen.[4]

Holden würde sich für das zweite Szenario entscheiden, da er sehr von »der Idee begeistert ist, das Leben eines Menschen dauerhaft und tief greifend zu ändern«. Er lehnt (3) ab, weil er nicht glaubt, dass die Qualität eines Lebens einfach in der Summe der Qualität seiner Tage besteht, und er lehnt auch (1) ab, weil er »potenziellen Leben« keinen allzu großen Wert beimisst, vor allem, wenn diese Leben – so sie denn realisiert werden – mit Gesundheitsproblemen belastet sind.

In einem späteren Blogeintrag merkte Holden an, dass manche Kommentare zu seinem früheren Post zustimmend, andere ablehnend ausgefallen waren, und fügte hinzu: »Es ist möglich, dass wir uns alle einigen könnten, wenn wir mehr über das Leben der Menschen in den Entwicklungsländern wüssten oder wenn wir nur lange genug über unsere Werte debattierten. Es kann aber auch sein, dass wir uns nicht einigen würden.« Die Relevanz dieser Frage für GiveWell ist folgende: Jeder Dissens hinsichtlich fundamentaler Werte wird auch zu einem Dissens hinsichtlich der Kosteneffizienz verschiedener Gesundheitsmaßnahmen führen, und den Nutzen derartiger Maßnahmen in einer einzigen Zahl – wie eben etwa der DALY-Zahl – auszudrücken, verschleiert den Dissens nur, anstatt ihn zu klären.[5] Holden ist insofern in einer ähnlichen Situation wie Berman, als beide in der Spendenberatung tätig sind. Ihm zufolge sollte man klar sagen, dass man mit beispielsweise 100 000 Dollar entweder X Men-

4 Holden Karnofsky, »Significant Life Change«, *GiveWell blog*, 28. 7. 2008, ⟨http://blog.givewell.org/2008/07/28/significant-life-change/⟩.
5 Ders., »DALYs and Disagreement«, *GiveWell blog*, 22. 8. 2008, ⟨http://blog.givewell.org/2008/08/22/dalys-and-disagreement/⟩.

schen heilen oder aber das Leben von Y Säuglingen retten kann, damit die Spender dann in Übereinstimmung mit ihren Werten selbst entscheiden können. Insoweit stimmt Holden mit Berman auch darin überein, dass sich in einigen Fällen nicht objektiv entscheiden lässt, welche Option die bessere ist.

Toby Ord gibt in seiner Erwiderung auf Holden zu, dass der DALY-Ansatz ernste Probleme hat, hält ihn aber dennoch für den »bislang besten Versuch«, einen einzigen Maßstab zu entwickeln, um zwischen verschiedenen medizinischen Interventionen zu entscheiden. »Wenn es wirklich extrem überzeugende Argumente gibt, ihn in Richtung X oder Y zu verändern«, fügt er hinzu, »dann wird das vermutlich passieren und er wird sich weiterentwickeln.«[6] Toby hat Recht; wir sollten weiter daran arbeiten, einen einzigen Maßstab des Wohlergehens zu entwickeln, auch wenn wir wissen, dass uns das kurz- oder auch mittelfristig nicht gelingen wird. Ohne eine solche Metrik sind Regierungen und internationale Organisationen wie die WHO, die die knappen Gelder für die Gesundheitsfürsorge zuteilen, anfällig dafür, sich von den besten Lobbyisten oder den lautesten Schreihälsen überzeugen zu lassen. Beträchtliche Forschungsanstrengungen wurden unternommen, um Methoden zur Messung des Nutzens medizinischer Behandlungen auszuarbeiten, und wir sollten den Versuch nicht einfach aufgeben. Es ist meine Hoffnung, dass wir auch über unsere Werte Einigkeit erzielen, wenn wir uns über alle relevanten Tatsachen einig werden und genug Zeit und guten Willen aufbringen. Solange die notwendigen Bedingungen für eine solche Übereinkunft jedoch nicht erfüllt sind, ist GiveWells Strategie zur Beratung potenzieller Spender vernünftig. Die

6 Toby Ord, »Kommentar« (12. 8. 2008) zu Holden Karnofsky, »Disability-Adjusted Life Years II – Variations«, 11. 8. 2008, ⟨http://blog.give well.org/2008/08/11/disability-adjusted-life-years-ii-variations/⟩.

Tatsache, dass wir diese Strategie aufgrund der Wertdifferenzen, auf die sie verweist, übernehmen sollten, zeigt aber nicht, dass das Gleiche auch für andere Bereiche gilt, dass man sich also zum Beispiel eher für Kunstmuseen einsetzen als Blinde heilen sollte. GiveWell scheint der gleichen Meinung zu sein: Unter den von ihr getesteten Wohltätigkeitsorganisationen findet sich keine einzige, die Museen unterstützt, und auch nur in den Anfangsjahren wurde einige Einrichtungen berücksichtigt, die sich um die Armen in den USA kümmerten; schon bald entschied man jedoch, dass es mehr bringt, extrem armen Menschen zu helfen. Vermutlich ist man bei GiveWell also der Ansicht, dass es einige Wertfragen gibt, über die Menschen vernünftigerweise unterschiedlicher Meinung sein können, und andere, für die das nicht gilt.

Ein weiterer Punkt auf Bermans Liste von Zwecken, die sich ihr zufolge nicht objektiv vergleichen lassen, lautet: »Frauen vor Vergewaltigung schützen.« Alle außer den Vergewaltigern würden Frauen sicherlich gerne vor Vergewaltigungen schützen, aber man kann nicht einmal darüber diskutieren, ob Organisationen, die sich diesem Ziel verschrieben haben, unterstützenswert sind, solange man keine Vorstellung davon hat, wie sie das machen wollen. Bleiben wir in unserem hypothetischen Szenario, in dem ein Fall von Blindheit für 100 Dollar geheilt und das Leben eines Verhungernden für 200 Dollar gerettet werden kann. Welche durchschnittlichen Kosten sollten wir für die Verhinderung einer Vergewaltigung pro Jahr veranschlagen? Wenn es eine Million kosten würde, müssten wir zu dem Schluss kommen, dass das Verhindern von Vergewaltigungen keine Priorität hat. So schlimm es ist, eine Vergewaltigung nicht zu verhindern, es ist sicher weniger schlimm, als 5000 Menschen nicht vor dem Tod zu bewahren. Um überhaupt anderer Meinung sein zu können, muss man schon glauben, dass nicht die Leiden der Opfer, sondern die bösen Absichten der Täter das eigentliche Übel darstellen. Einige Katholiken mögen dieser Ansicht sein. In einer berühmten Passage schrieb Kardinal John Henry Newman:

> [Die Kirche] glaubt, dass lieber Sonne und Mond vom Himmel fallen und die Erde vergehen und all die vielen Millionen auf ihr in größtem Leid verhungern sollen – soweit das zeitliche Leiden reicht –, als dass eine Seele, ich will nicht sagen, verloren ist, sondern eine einzige lässliche Sünde begeht, eine vorsätzliche Unwahrheit sagt, auch wenn niemand dabei zu Schaden kommt, oder einen einzigen Heller stiehlt, ohne eine Entschuldigung dafür zu haben.[7]

Für Newman folgte das aus dem von ihm geteilten Glauben, diese Welt sei nur »Erde und Asche, verglichen mit dem Wert einer einzigen Seele«. Atheisten kommt diese Sichtweise entsetzlich vor, effektive Altruisten lehnen sie ausdrücklich ab. Newman wurde allerdings noch 2010 selig gesprochen, was darauf schließen lässt, dass seine Sicht in katholischen Kreisen nach wie vor eine gewisse Unterstützung genießt.

Berman erwähnt außerdem Spenden für das Bildungs- und Wohnungswesen, auch wenn unklar bleibt, ob sie dabei die USA oder das Ausland im Sinn hat. Aus den bereits erläuterten Gründen dürfte eine solche Spende in den Entwicklungsländern viel mehr bewirken. Vergleichen wir nun aber Wohltätigkeitsorganisationen, die Bildungs- und Woh-

7 John Henry Newman, *Certain Difficulties Felt by Anglicans in Catholic Teaching* (1850; Wiederabdruck, London: Longmans, Green, 1901), Bd. 1, 8. Vorlesung, S. 240, verfügbar auf ⟨http://www.newmanreader. org/works/anglicans/volume1/lecture8.html⟩. Siehe dazu Roger Crisp, »Turning Cardinal Newman on His Head. Just How Bad Is a Bad Intention?«, *University of Oxford Practical Ethics blog*, 22.5.2012, ⟨http://blog. practicalethics.ox.ac.uk/2012/05/turning-cardinal-newman-on-his- head-just-how-bad-is-a-bad-intention⟩.

nungsangebote für Menschen in extremer Armut bereitstellen, dann ist es nicht grundsätzlich unmöglich, den Nutzen dieser Angebote auch mit demjenigen der Hilfsangebote für Blinde oder Hungernde zu vergleichen. In der Praxis ist das zugegebenermaßen schwierig, weil die Vorteile einer besseren Ausbildung sich vielleicht erst Jahre später zeigen. Nichtsdestotrotz eint all diese Organisationen das gemeinsame Ziel, den Armen ein besseres Leben zu ermöglichen, und das bedeutet: Wären wir im Vollbesitz der relevanten Fakten, hätten wir eine objektive Vergleichsgrundlage, um zu beurteilen, welche Organisation die effektivere ist.

13. Tierleid verringern und die Natur schützen

Berman zählt auch die »Rettung misshandelter Tiere« zu den wohltätigen Zwecken, die sich nicht objektiv miteinander vergleichen lassen. Vermutlich hat sie Hilfswerke im Sinn, die Haustiere (vor allem Hunde und Katzen) retten und vermitteln, denn darauf konzentrieren sich die meisten Tierrettungsorganisationen.[1] Es gibt jedoch einen einfachen Grund, diese nicht bevorzugt zu behandeln: Das Leid misshandelter Haustiere macht nur einen Bruchteil des Leids aus, das wir den Tieren insgesamt antun. 2012 lebten in den Vereinigten Staaten 164 Millionen registrierte Hunde und Katzen,[2] von denen es den meisten wahrscheinlich einigermaßen gut ging und geht. Doch selbst wenn sie alle miteinander misshandelt würden, wäre das immer noch wenig im Vergleich zu den 9,1 Milliarden Tieren, die in den USA jährlich aufgezogen, geschlachtet und verzehrt werden.[3] Es gibt 55-mal mehr Tiere in der Viehzucht als Hunde und Katzen, und Erstere haben viel schlimmere Leiden zu erdulden. Wer seinen Hund so hält, wie Zuchtsauen häufig in den Mastbetrieben leben müssen – in Verschlägen, die so klein sind, dass die Tiere sich nicht einmal umdrehen oder

1 Siehe zum Beispiel die Wikipediaseite »Animal Rescue Group«, ⟨http://en.wikipedia.org/wiki/Animal_rescue_group⟩, auf der es um solche Organisationen geht.
2 Humane Society of the United States, »Pets by the Numbers«, 30.1.2014, ⟨http://www.humanesociety.org/issues/pet_overpopulati on/facts/pet_ownership_statistics.html⟩.
3 Humane Society of the United States, »Farm Animal Statistics. Slaughter Totals«, 17.4.2014, ⟨http://www.humanesociety.org/news/ resources/research/stats_slaughter_totals.html#.U27ZyvmSySo⟩. Ursprünglich stammen die Zahlen vom U.S. Department of Agriculture National Agricultural Statistics Service.

einen einzigen Schritt machen können –, der kann wegen Tierquälerei rechtlich belangt werden.

In ihrem Handbuch für Tieraktivisten stellen Matt Ball und Bruce Friedrich eine bestürzende Behauptung auf, die veranschaulicht, um wie viel größer das Leiden von Masttieren im Vergleich zu anderen Tierquälereien ist: »Hunderte Millionen von Tieren – *ein Vielfaches* der Zahl der Tiere, die wegen ihres Pelzes getötet, in Tierheimen untergebracht oder in Laboren eingesperrt werden – schaffen es jedes Jahr nicht einmal zur Schlachtbank. Sie werden vorher *zu Tode gequält*.«[4]

Überlegen Sie, was Ball und Friedrich da sagen. Die beiden sprechen nicht von denjenigen Tieren, die getötet werden, damit wir sie verspeisen können. Sie sprechen von den Tieren, die nicht einmal in den »Genuss« angeblich humaner Schlachtgesetze kommen, weil sie so schlecht behandelt werden, dass sie sterben, bevor es überhaupt zur Schlachtung kommt. Dazu gehören Käfighennen, die zu Tode gepickt werden, weil sie ihren gestressten, aggressiven Mitgefangenen nicht entfliehen können; überzüchtete Masthähnchen, die so schnell wachsen, dass ihre nicht fertig entwickelten Beine unter ihnen einknicken, und die dann verdursten oder verhungern, weil sie ihre Näpfe nicht mehr erreichen; sowie Schweine, Rinder, Truthähne und Hühner, die während des Transports an Stress sterben, da sie ihr ganzes Leben im Stall verbracht haben. Harish Sethu hat auf seiner Webseite Counting Animals die Zahlen für die USA zusammengetragen. Wegen ihres Fells sterben dort jedes Jahr etwa 10 Millionen Tiere, in Tierheimen sind es 4 Millionen und in Laboren 11,5 Millionen, insgesamt also etwa 25,5 Millionen. Aufgrund konservativer Schätzungen, die auf Branchenberichten und Fachzeitschriften basieren, kommt Sethu dage-

4 Matt Ball, Bruce Friedrich, *The Animal Activists' Handbook* (New York: Lantern Books, 2009), S. 15 f.

gen allein auf 139 Millionen Hühner, die jährlich einen qualvollen Tod erleiden, von Truthähnen, Schweinen und Rin-
dern ganz zu schweigen.[5]

Trotz dieses riesigen Missverhältnisses gibt es in den USA
Tausende von Organisationen, die sich um Hunde und Katzen kümmern, aber nur relativ wenige, die Nutztieren helfen – Erstere sind einfach sehr viel beliebter. Animal Charity
Evaluators (ACE) gibt zu, dass es durch Sterilisieren, die
Einschränkung der Verbreitung von Krankheiten und die
Tiervermittlung möglich ist, das Leiden und auch das Töten
von Hunden und Katzen zu reduzieren; doch das hat seinen
Preis, weil es teure medizinische Versorgung, Impfungen
sowie die Bereitstellung von Nahrung und Unterkunft bedeutet. Daher hält ACE es für »unwahrscheinlich, dass dies
eine kostengünstige Methode darstellt, um Leiden zu lindern«. Stattdessen kommt die Organisation zu dem Schluss,
dass der effektivste Weg, Tieren zu helfen und so viel Leid
wie möglich zu verhindern, darin besteht, sich lautstark für
die Masttiere einzusetzen. Während die Tierrettung Dut-
zende oder sogar Hunderte Dollar pro Tier verschlingt, ist
es sehr viel billiger, Leute davon zu überzeugen, ihren Konsum von Tierprodukten aufzugeben oder einzuschränken.
Während ich dies schreibe, kümmern sich die zwei von ACE
empfohlenen Wohltätigkeitsorganisationen beide um Masttiere.[6] Dies ist ein Beispiel für das altruistische Arbitrieren,
das ich am Ende von Kapitel 10 diskutiert habe: Wir sollten
Robert Wiblins Rat folgen und uns auf jene Zwecke konzentrieren, die den meisten Menschen egal sind, denn dort können Altruisten mit geringem Aufwand noch viel bewirken.

5 Harish Sethu, »Is Vegan Outreach Right About How Many Animals
Suffer to Death?«, ⟨http://www.countinganimals.com/is-vegan-out
reach-right-about-how-many-animals-suffer-to-death/⟩.
6 Animal Charity Evaluators, FAQ und Stellungnahme. Siehe ⟨http://
www.animalcharityevaluators.org/about/faq/⟩ sowie ⟨http://www.an
imalcharityevaluators.org/about/position-statement/⟩.

Bermans Einbeziehung von Tieren wirft freilich eine schwierigere Frage auf: Wie können wir den Tierschutz mit dem vergleichen, was andere Wohltätigkeitsorganisationen leisten? Wer tut mehr Gutes? An dieser Stelle werden oft zwei verschiedene Fragen durcheinandergebracht. Die erste ist eine Tatsachenfrage: Leiden Tiere ebenso viel wie Menschen? Die zweite Frage ist eine ethische: Falls ein Tier ebenso viel leidet wie ein Mensch, wiegt sein Leid dann auch ebenso schwer?

Die ethische Frage sollten wir bejahen. In *Animal Liberation* behaupte ich, dass es falsch ist, auf die Interessen nichtmenschlicher Tiere nur deswegen weniger Rücksicht zu nehmen, weil diese einer anderen Art angehören – ein Speziesismus, der ungefähr genauso falsch ist wie die plattesten Formen von Rassismus und Sexismus. Der Speziesismus ist eine Form der Diskriminierung der Interessen derer, die nicht zu »uns« gehören, wobei die Grenze zwischen uns und den Anderen auf der Grundlage von etwas gezogen wird, das an sich nicht moralisch relevant ist. Meinem Eindruck nach wird diese moralische Irrelevanz der Spezieszugehörigkeit von den meisten Philosophen, die über die Frage nachgedacht haben, mittlerweile akzeptiert.[7]

Mit der Ablehnung des Speziesismus ist die Debatte über das moralische Gewicht, das wir dem Tierleid beimessen sollten, jedoch noch nicht entschieden. Die Verteidiger des Status quo weisen in der Regel darauf hin, dass Menschen vernünftiger, autonomer, selbstbewusster oder eher in der Lage zur Reziprozität sind als nichtmenschliche Tiere.[8] Das ist kein Speziesismus, sondern die davon verschiedene Ansicht,

7 Peter Singer, *Animal Liberation*, Kapitel 1; siehe zu meiner Behauptung, dass der philosophische Kampf gegen den Speziesismus »gewonnen« ist, Colin McGinn, »Eating Animals Is Wrong«, in: *London Review of Books*, 24.1.1991, S. 14f.
8 Siehe etwa Carl Cohen, »The Case for the Use of Animals in Biomedical Research«, in: *New England Journal of Medicine* 315 (1986),

wir sollten die Interessen derjenigen Wesen höher schätzen, die zu den aufgezählten Dingen eher in der Lage sind. Dieses Argument kann allerdings unsere heutigen Praktiken des Umgangs mit Menschen und Nichtmenschen nicht rechtfertigen, weil es Menschen gibt, die die genannten Eigenschaften in geringerem Maß besitzen als einige Nichtmenschen. Dies zeigt sich, wenn man zum Beispiel Hunde mit menschlichen Säuglingen, die noch keinen Monat alt sind, oder Schimpansen mit einigen geistig schwer behinderten Menschen vergleicht. Um möglichen Komplikationen aufgrund des Potenzials eines normalen Säuglings aus dem Weg zu gehen, beschränke ich mich auf den zweiten Fall. Hat ein nichtmenschliches Tier das gleiche geistige Niveau wie ein menschliches Wesen (oder übertrifft es dieses sogar), und besitzt dieser Mensch auch nicht das Potenzial, das Tier zu übertreffen, dann rechtfertigen Argumente, die auf dem besonderen Wert von Wesen mit höheren kognitiven Fähigkeiten beruhen, keine Bevorzugung dieses Menschen. In diesem Fall tun wir Tieren Unrecht, wenn wir ihre Interessen unter den gleichen Umständen geringer achten als diejenigen eines Menschen mit ähnlichen Fähigkeiten.

Manche finden es anstößig, das Leid von Mensch und Tier miteinander zu vergleichen; vermutlich glauben sie, das menschliche Leid sei immer unvergleichlich viel wichtiger. Soll das nicht einfach nur das Eingeständnis eines Vorurteils zugunsten unserer eigenen Art sein, dann müssen diese Leute sich auf Unterschiede zwischen dem geistigen Leben von Menschen und Tieren berufen. Das würde jedoch bedeuten, dass auch das Leid normaler Menschen und dasjenige geistig schwer behinderter Menschen inkommensurabel ist. Aber selbst, wenn wir uns nur auf den Umgang mit Tieren konzentrieren, zeigen die Implikationen

S. 865-870; Michael Leahy, *Against Liberation. Putting Animals in Perspective* (London: Routledge, 1991).

der Leugnung der Möglichkeit, zwischen tierischem und menschlichem Leid abzuwägen, dass wir solche Vergleiche letztlich doch anstellen. Wäre das menschliche Leid von ungleich größerer Bedeutung, dann würde schon das kleinste Übel, das einem Menschen zustößt, es rechtfertigen, noch die schlimmsten tierischen Leiden zu ignorieren. Wenn eine Hühnerschar an einem heißen Tag am Verdursten ist und Sie bloß das Wasser aufdrehen müssen, um sie vor einem langsamen und qualvollen Tod zu bewahren, dann sollten Sie es aufdrehen, und wenn Sie dazu einige zusätzliche Schritte in unbequemen Schuhen gehen müssen, dann sollten Sie diese zusätzlichen Schritte gehen. Sobald wir aber zugestehen, dass eine gewisse Menge an Hühnerleid eine gewisse Menge an menschlichem Leid überwiegen kann, ist es gar nicht mehr so absurd, das Leid der betroffenen Hühner noch weiter zu verringern und das menschliche Leid dafür noch Schritt für Schritt zu steigern, bis wir näher an ein Gleichgewicht zwischen den beiden herankommen oder uns zumindest in eine Grauzone hineinbewegen, in der keines der beiden Leiden das andere eindeutig übertrifft.[9]

Auch wenn sich die Leiden von Menschen und anderen Tieren also vergleichen lassen und wir Letzteren Unrecht tun, falls wir ihrem Leid von vornherein weniger Gewicht zumessen, wird damit nicht geleugnet, dass normale Erwachsene über Fähigkeiten verfügen, die einen Unterschied dabei machen, wie wir Interessen bewerten sollten. Dazu mag etwa die Fähigkeit gehören, zu verstehen, dass man eine

9 Henry Sidgwick reagiert ähnlich auf den Vorwurf, der Utilitarismus mache die Berechnung des maximalen Nutzens äußerst schwierig, indem er die Leiden der Tiere in seine Kalkulation aufnehme. Er erkennt das Problem an, fügt aber hinzu: »Die Schwierigkeiten sind jedoch für den Utilitarier zumindest nicht größer als für andre Moralisten, die vor dem Paradoxon zurückschrecken, die Freuden und Schmerzen von Tieren überhaupt zu übergehen.« *Die Methoden der Ethik*, (Leipzig: Klinkhardt, 1909), Bd. 2, S. 202.

zeitliche Existenz führt und Wünsche über die eigene Zukunft zu bilden vermag, weil man dadurch wohl ein Interesse am Weiterleben entwickelt, das die vielen nichtmenschlichen Tiere, denen diese Fähigkeit abgeht, nicht besitzen.[10]
Wir können auch zugeben, dass verschiedene Stufen des Be-
wusstseins eventuell einen Unterschied dabei machen, wie
sehr Wesen unter verschiedenen Umständen leiden oder ihr
Leben genießen. Dies macht es schwieriger, das Wohl von
Tieren mit demjenigen von Menschen zu vergleichen, denen
das Augenlicht gerettet wird. Unterschiede in den geistigen
Fähigkeiten von Schweinen und Hühnern machen es ebenso
problematisch, die Verringerung des Leids abzuwägen, das
durch Verbote zu kleiner Käfige bei beiden Tierarten erzielt
wird: Ist es besser, dass Hühner ihre Flügel spreizen oder
dass Schweine sich umdrehen können? Haben wir nun etwa
den Punkt erreicht, an dem es keine vernünftigen Kriterien
mehr gibt, um zwischen verschiedenen wohltätigen Zwecken zu entscheiden?

Wir sahen in Kapitel 4, dass einige effektive Altruisten
das Spenden zur Verringerung des Tierleids für die effektivste Form des Altruismus halten. Sie sind sich der gerade
aufgezählten Schwierigkeiten bewusst, aber aufgrund der
großen Zahl der Tiere und der relativ geringen Kosten dafür,
Leute zum Verzicht auf Tierprodukte zu bewegen, halten sie
es trotzdem für den effektivsten Weg, selbst wenn Nutztiere
wie Hühner, Schweine oder Kühe womöglich weniger lei-

---

10 Wofür ich auch in *Praktische Ethik* (Stuttgart: Reclam, ³2013), Kapitel 4
und 5, argumentiert habe. Ich bitte jedoch zu beachten, dass ich inzwischen eher zum Hedonismus als zum Präferenzutilitarismus neige.
Siehe Katarzyna de Lazari-Radek, Peter Singer, *The Point of View of
the Universe* (Oxford: Oxford University Press, 2014), Kapitel 8 und
9. Zu anderen Ansichten hinsichtlich der Tötung von Tieren siehe
Jeff McMahan, »Eating Animals the Nice Way«, in: *Daedalus* (Winter
2008), S. 66-76, und Tatjana Visak, *Killing Happy Animals* (London:
Palgrave Macmillan, 2013).

den als Menschen. Die Organisation Vegan Outreach nutzt seit vielen Jahren die Dienste von Freiwilligen, die zu diesem Zweck Flugblätter an Colleges und Universitäten in den Vereinigten Staaten verteilen, und dehnt diese Aktivitäten mittlerweile auch auf andere Länder aus. Weitere Hilfswerke wie etwa The Humane League verwenden nun ebenfalls Broschüren, außerdem schalten sie Online-Werbung, um Menschen zum Anschauen entsprechender Videos zu bewegen. Die Ergebnisse wurden durch Verlaufskontrollen bewertet, auf deren Grundlage die Anzahl der Menschen geschätzt wird, die ihre Ernährung infolge der Werbung umgestellt haben. Auf Basis dieser Methoden hat ACE versucht, die Kosten für ein Jahr vermiedenen Tierleids so genau wie möglich zu bestimmen. Folgende Zahlen flossen in die Schätzung ein:

- Die Kosten pro verteiltem Flugblatt oder, im Falle der Online-Werbung, die Kosten pro Klick;
- der prozentuale Anteil derer, die ihren Konsum von Tierprodukten infolge des Erhalts eines Flugblatts oder des Klicks auf eine Anzeige verringern;
- die durchschnittliche Anzahl von Jahren, die diese Verringerung anhält;
- die durchschnittliche Anzahl der Masttiere bzw. der Milchprodukte und Eier, die pro Person und Jahr konsumiert werden;
- die durchschnittliche Lebensdauer der Nutztiere (Masthähnchen etwa werden mit 42 Tagen getötet, sodass knapp 9 Hühnerleben einem Jahr tierischen Leids entsprechen);
- die Elastizität der Nachfrage nach Tierprodukten (um den höheren Verbrauch von Fleischkonsumenten zu berücksichtigen, falls die Preise in Folge des Verzichts anderer Menschen fallen).

Auf dieser Grundlage schätzt ACE, dass die Kosten für ein Jahr weniger Tierleid bei Flugblättern 63 Cent und bei Online-Anzeigen 47 Cent betragen. Die Organisation gibt zu, dass einige dieser Zahlen nicht sehr tragfähig sind, daher bemüht sie sich um die Durchführung besserer Studien und veröffentlicht in der Zwischenzeit die bestmöglichen Unter- und Obergrenzen der Schätzwerte. Laut ACE kostet ein vermiedenes Leidensjahr bei Flugblättern höchstens 12,52 Dollar und bei Online-Anzeigen 4,52 Dollar; im besten Fall kostet beides weniger als 6 Cent.[11] Selbst im schlechtesten Fall sind das also sehr preiswerte Möglichkeiten, um Leiden zu lindern.

Es ist schwer zu sagen, ob Tiere ebenso sehr leiden können wie Menschen. Doch selbst wenn wir in die besten Schätzungen von ACE die Annahme einbauen, dass Nutztiere vielleicht nur zu einem Zehntel des menschlichen Leids fähig sind, hätten die genannten Broschüren und Online-Werbungen – sogar im Vergleich zu den effektivsten Hilfsorganisationen für Menschen – noch immer ein ausgezeichnetes Preis-Leistungs-Verhältnis. Die Verringerung des Tierleids durch die Verringerung des Konsums von Tierprodukten hat außerdem noch einen weiteren großen Vorteil: Ben West, einer der in Kapitel 4 erwähnten effektiven Altruisten, hat gezeigt, dass man den Klimawandel durch Spenden dieser Art effektiver verlangsamen kann als durch Spenden an Firmen, die mit Emissionsrechten handeln.[12]

11 Siehe Animal Charity Evaluators, Leafleting Impact Spreadsheet, ⟨http://www.animalcharityevaluators.org/research/interventions/leafleting/leafleting-calculator/⟩, sowie Online Ads Spreadsheet, ⟨http://www.animalcharityevaluators.org/research/interventions/online-ads/online-ads-calculator/⟩.

12 Ben West, »Top Animal Charities and Climate Change«, 14.10.2012, ⟨http://www.animalcharityevaluators.org/blog/top-animal-charities-and-climate-change⟩. Wests Argument beruht auf der Behauptung, dass Online-Anzeigen Menschen für 11 Dollar pro Jahr zu Vegetariern machen können. Er stützte sich dabei auf eine Schätzung, wie lange

Den Punkt auf Bermans Liste, den sie einfach »Die Gletscher nicht schmelzen lassen« nennt, habe ich mir für zuletzt aufgehoben. Sie könnte damit entweder das Ziel der Erhaltung der Natur um ihrer selbst willen meinen oder die
Gletscher als Symbol für das Verlangsamen, Stoppen oder
die Umkehr des Klimawandels gewählt haben, weil es keinen Weg gibt, die Gletscher nicht schmelzen zu lassen, ohne
eines dieser Dinge zu tun. Ich werde zunächst die zweite
Möglichkeit prüfen und im Anschluss fragen, wie viel uns
der Erhalt der Natur um ihrer selbst willen wert sein sollte.

Wenn die Gletscher des Himalaya und damit auch die
von ihnen gespeisten Flüsse verschwinden, wird Hunderten
Millionen Menschen das Wasser zum Anbau ihrer Nutz-
pflanzen fehlen. Der Klimawandel wirkt sich außerdem
auf die Niederschlagsmuster aus, was zu Dürren und schweren Überschwemmungen führen wird, und das Schmelzen
der grönländischen und antarktischen Eiskappen wird den
Meeresspiegel ansteigen lassen, wodurch niedrig gelegene
Küstengebiete überschwemmt und die dort lebenden Menschen zu Flüchtlingen gemacht werden. Mit einer gewissen
Wahrscheinlichkeit wird der Klimawandel sogar völlig au-

Menschen Vegetarier bleiben – eine Zahl, die seitdem geändert wurde,
um besseren Daten zu entsprechen. Animal Charity Evaluators »beste
Schätzung« beträgt daher für Online-Werbung nun 1,46 Dollar pro
»vegetarischem Jahr«, mit einer Schwankungsbreite von 0,36-4,27 Dollar. Die beste Schätzung für Flugblätter liegt bei 1,77 Dollar und einer
Schwankungsbreite von 0,34-9,02 Dollar. Mit anderen Worten: Die
neuen Zahlen sprechen sogar noch deutlicher für Wests Schlussfolgerung als seine eigenen. (Weitere Informationen finden Sie in den Tabel-
len, auf die in der vorigen Fußnote verwiesen wird; um vegetarische
Jahre pro Dollar zu berechnen, müssen Sie die Zahl 100 durch das Produkt der Schätzung der *product limiters* und der Anzahl der Jahre pro
limiter teilen.) Derzeit laufen weitere Studien, die diese Zahlen auf eine
noch solidere Basis stellen sollen.

ßer Kontrolle geraten und die Erde unbewohnbar machen; haben wir bis dahin noch nicht die Fähigkeit erworben, andere Planeten zu kolonisieren, dürfte dies das Ende unserer Spezies bedeuten. Das wirft eine separate ethische Frage auf, die ich in Kapitel 15 behandle. Für den Moment gehe ich davon aus, dass die Erderwärmung zwar verheerende Auswirkungen auf viele Millionen und vielleicht auch Milliarden von Menschen haben wird, das Überleben unserer Art jedoch nicht gefährdet.

Es ist so gut wie sicher zu spät, um den Klimawandel zu stoppen oder umzukehren – zumindest ohne den Einsatz riskanter Geo-Engineering-Techniken.[13] Andererseits wäre seine Verlangsamung ein sehr wichtiger Erfolg, der für die Ärmsten der Welt und alle künftigen Generationen große Vorteile hätte. Unsere Unterstützung für die entsprechenden Wohltätigkeitsorganisationen sollte davon abhängen, ob wir die Wahrscheinlichkeit hoch genug einschätzen, selbst etwas dazu beitragen zu können. Da so viel davon abhängt, hat auch eine Handlung, die nur eine winzige Chance birgt, einen sehr hohen Erwartungswert. Hat man also Grund zu der Annahme, dass diese klitzekleine Chance besteht, dürfte es sich wohl um ein lohnenswertes Ziel handeln. Für Leute mit Interesse an Zwecken, die bei hohem Risiko hohe Profite versprechen, wäre es folglich rational, dafür zu spenden; wer dagegen sichergehen will, dass sein Geld nachweislich etwas bewirkt, sollte sich woanders umsehen. Die Frage, ob man lieber 100 000 Dollar an eine Organisation spendet, die den Klimawandel zu bremsen versucht, oder an eine, die

---

13 Dale Jamieson, *Reason in a Dark Time. Why the Struggle Against Climate Change Failed – and What It Means for Our Future* (Oxford: Oxford University Press, 2014). GiveWell hat untersucht, ob das Geo-Engineering als effektive Spendenmöglichkeit in Frage kommt: ⟨http://www.givewell.org/labs/causes/geoengineering⟩. Clive Hamilton äußert seine Bedenken in *Earthmasters. The Dawn of the Age of Climate Engineering* (New Haven: Yale University Press, 2013).

1000 Menschen das Sehvermögen wiedergibt, ist mit zu großen Unsicherheiten behaftet und lässt sich daher nicht entscheiden. Das bedeutet nicht, dass es keine objektive Antwort gibt; es bedeutet nur, dass wir keine Möglichkeit haben zu wissen, wie die Antwort lautet, weil wir momentan nicht alle relevanten Informationen haben oder uns beschaffen können.

Ist die Natur intrinsisch wertvoll?

Jetzt kann ich auf die Frage der Erhaltung der Natur um ihrer selbst willen zurückkommen. Zur Natur zähle ich unter anderem Gletscher, Urwälder, Wildflüsse und gefährdete Arten. Egal, ob wir uns dafür entscheiden, die Natur zu erhalten oder aber zu zerstören: Beides wird immer Konsequenzen für einige Lebewesen haben, seien es Menschen oder nichtmenschliche Tiere. Wird etwas ausgelöscht, dann bleibt es das auch, und zwar für immer und ewig. Ist ein Urwald erst einmal abgeholzt, kann er nicht mehr gleichwertig ersetzt werden, da jeder nachwachsende Baumbestand andere Merkmale haben wird; die Verbindung mit etwas vom Menschen relativ Unberührtem wird verloren sein. Die Zerstörung der Natur kann daher negative Folgen für eine unbestimmte Anzahl künftiger Generationen haben. Diese Überlegungen stellen gewichtige Gründe für den Naturschutz dar, selbst wenn erhebliche wirtschaftliche Kosten damit verbunden sein sollten. Sie verorten den Wert der Natur jedoch nicht in dieser selbst; es ist ein Wert, den fühlende Wesen ihr beimessen – menschliche und nichtmenschliche, in Gegenwart und Zukunft. Es ist eine andere Frage, ob die Natur einen Wert hat, der über die Erfahrungen fühlender Wesen hinausgeht. Viele Fürsprecher gefährdeter Arten oder der unberührten Natur sind genau dieser Ansicht. Um Handlungen zum Schutz von Wäldern oder gefährdeten Tierarten zu rechtfertigen – bei denen manchmal sehr viele wilde Tiere qualvoll ums Leben kommen –, behaupten sie oft, die biologische Vielfalt sei ein Wert an sich und bedürfe keiner Argumente, die diese mit dem Nutzen für Menschen oder andere fühlende Wesen in Verbindung bringt. Der amerikanische Ökologe Aldo Leopold hat diese Ansicht wortgewaltig vertreten. In einer oft zitierten Passage tritt er für eine »Landethik« ein, der zufolge eine Handlung dann richtig ist, »wenn sie dazu beiträgt, die Integrität, Stabilität und Schönheit der Natur zu erhalten«, und falsch, wenn sie das Gegenteil bewirkt.[14]

Effektive Altruisten haben für die Idee eines eigenständigen Wertes der Natur nicht viel übrig. So, wie sie dazu neigen, Werte wie Gerechtigkeit, Freiheit, Gleichheit und Wissen nicht als an sich gut zu betrachten, sondern als gut, weil diese eine positive Wirkung auf das Wohlergehen der Gemeinschaft haben, so schätzen sie auch die Natur nicht um ihrer selbst willen, sondern fragen danach, ob der Naturschutz sich auf Tiere und Menschen gut oder schlecht auswirkt. Aufgrund des schrecklichen Leids, das wilden Tieren zustößt, sind einige effektive Altruisten der Natur gegenüber sogar negativ eingestellt; sie hoffen auf eine Zukunft, in der es möglich sein wird, etwas dagegen zu unternehmen.[15]

Wer glaubt, dass die Natur einen eigenen Wert besitzt, steht vor einer unlösbaren Aufgabe, wenn er diesen mit anderen Werten, etwa dem Wohlergehen von Menschen und Tieren, vergleichen möchte. An anderer Stelle habe ich die

14 Aldo Leopold, *Am Anfang war die Erde* (München: Knesebeck, 1992).
15 Oscar Horta, »Disvalue in Nature and Intervention«, in: *Pensata Animal* 34 (2010), verfügbar auf ⟨https://www.academia.edu/1277396/Disvalue_in_Nature_and_Intervention⟩. Siehe auch die Essays von Brian Tomasik auf ⟨http://www.utilitarian-essays.com⟩, in der Rubrik »Leid von Wildtieren«.

Ansicht verteidigt, dass nur (positive) bewusste Erfahrungen intrinsisch wertvoll sind. Dieser Ansicht nach hat die Natur selbst, unabhängig von den fühlenden Wesen, deren Leben sie ermöglicht, also keinen eigenständigen Wert, womit das Problem der mangelnden Vergleichbarkeit zwischen dem Eigenwert der Natur und dem Eigenwert der Erfahrungen fühlender Wesen sich überhaupt nicht stellt.[16]

16 Singer, *Praktische Ethik*, Kapitel 10; siehe Lazari-Radek, Singer, *The Point of View of the Universe*, Kapitel 8 und 9.

14. Die beste Organisation auswählen

Jeder gute Zweck lässt einem die Wahl zwischen Dutzenden, Hunderten oder sogar Tausenden von Organisationen, die sich für ihn einsetzen. Der effektive Altruismus konnte als Bewegung erst aufkommen, als es Meta-Hilfsorganisationen gab, das heißt Organisationen, die andere Wohltätigkeitsorganisationen bewerten. Zwei davon habe ich bereits erwähnt: GiveWell und Animal Charity Evaluators. Ihr Vorhaben ist entscheidend für den Erfolg des effektiven Altruismus, doch der ganze Sektor steht noch am Anfang, und manche Aspekte sind umstritten.

Die meisten Menschen spenden aufgrund eines Gefühls; zwei Drittel aller Spender informieren sich vor einer Spende überhaupt nicht.[1] Einige geben Geld, weil sie Fotos von (glücklichen oder aber abgemagerten) Kindern oder von Tieren, insbesondere von solchen mit großen, runden Augen, zu sehen bekommen. Andere spenden, weil sie von einem Bekannten darum gebeten werden – und ohne zu fragen, ob dieser irgendwelche Beweise für die Effektivität der betreffenden Einrichtung hat. Wie wir gesehen haben, geben Spender kleinerer Summen sogar *weniger*, wenn sie handfeste Beweise für die Effektivität einer Hilfsorganisation gezeigt bekommen.[2] Auf der anderen Seite ändert sich der Anteil derjenigen, die sich informieren, mit dem Bereich, für den sie spenden; es ist nicht verwunderlich, dass Spender für internationale Hilfsorganisationen am häufigs-

---

1 Bob Ottenhoff, Greg Ulrich, *More Money for More Good* (Washington, D.C.: Guidestar, 2012), S. 13, verfügbar auf ⟨http://www.guidestar.org/rxg/give-to-charity/money-for-good/index.aspx⟩.
2 Siehe Kapitel 8.

ten recherchieren (62 %). Am entgegengesetzten Ende des Spektrums stehen diejenigen, die für die Künste (25 %) oder für religiöse Zwecke (22 %) spenden.[3]

Hilfswillige haben jedoch eine Entschuldigung dafür, sich nicht zu informieren: Es ist nicht leicht herauszukriegen, wie effektiv eine Wohltätigkeitsorganisation eigentlich ist. Bevor es GiveWell gab, war für Amerikaner die Internetseite von Charity Navigator erste Wahl, eigenen Angaben zufolge »Amerikas größter und einflussreichster Gutachter von Hilfsorganisationen«. 2012 verzeichnete die Seite 6,2 Millionen Besuche. Charity Navigator hat alle bekannteren und noch etwa 7000 unbekanntere Hilfsorganisationen bewertet und verfügt über die Kapazitäten für 100 weitere pro Monat. Das gelang und gelingt jedoch nur, weil die Bewertung so oberflächlich ausfällt, denn bis zum Jahr 2011 basierte sie ausschließlich auf der finanziellen Gesundheit der Einrichtungen, und die Informationen dazu stammten lediglich aus einem Formular, das alle Wohltätigkeitsorganisationen der USA dem Finanzamt vorlegen müssen. Dieses Formular bleibt auch das erste Element von »Rechenschaft und Transparenz«, einer Bewertungsdimension, die nach 2011 hinzukam; das andere Element ist die Webseite der jeweiligen Organisation. Keine dieser Informationen sagt uns jedoch nur das Geringste darüber, ob die Einrichtung ihre Ziele auch erreicht. Charity Navigator plant zwar eine entsprechende dritte Bewertungsdimension, aber bei 7000 Wohltätigkeitsorganisationen ist das eine Herkulesaufgabe, für die dementsprechend auch ein Zeitplan fehlt.[4]

Viele Menschen besuchen die Seite von Charity Navigator im Internet nur, um sich eine einzige Zahl anzusehen:

3 Ottenhoff, Ulrich, *More Money for More Good*, S. 13.
4 ⟨http://www.charitynavigator.org/index.cfm?bay=content.view&cp id=1193#U37kt_mSySo⟩ sowie ⟨http://www.charitynavigator.org/in dex.cfm?bay=content.view&cpid=483#43⟩.

den Prozentsatz der Einnahmen einer Wohltätigkeitsorganisation, die diese für Verwaltungskosten und das Spendensammeln anstatt für ihre Hilfsprogramme selbst ausgibt. Holden Karnofsky findet es erschreckend, wie häufig Menschen sich auf Grundlage dieser einen Zahl zum Spenden entscheiden – und denken Sie daran, dass diese Leute zu derjenigen Minderheit gehören, die sich überhaupt Gedanken macht![5] In Extremfällen kann es sinnvoll sein, sich auf diese Zahl zu verlassen: The Children's Charity Fund, Inc., eine kleine, in Florida ansässige Organisation, bekam die schlechtestmögliche Bewertung, denn sie gibt 84 % ihrer Einnahmen fürs Spendensammeln und fast 10 % für Verwaltungskosten aus, sodass nur 6,1 % für die eigentliche Hilfe übrigbleiben.[6] Es ist richtig, unvorsichtige Spender vor solchen schwarzen Schafen zu warnen; von Einzelfällen abgesehen, sagt die Zahl jedoch nichts über die Effektivität einer Hilfsorganisation aus. Jede andere könnte das Geld ebenso verschwenden, selbst wenn sie vielleicht sehr wenig für die Verwaltung und das Spendensammeln ausgibt. Angenommen, Sie müssten zwischen zwei Organisationen wählen, die beide das Ziel haben, den Armen in einem Entwicklungsland zu helfen:

- Organisation A: 8 % der Einnahmen gehen für Verwaltung und Spendensammeln ab, 92 % fließen in das Hilfsprogramm;
- Organisation B: 28 % der Einnahmen gehen für Verwaltung und Spendensammeln ab, 72 % fließen in das Hilfsprogramm.

5 ⟨http://blog.givewell.org/2009/12/01/the-worst-way-to-pick-a-charity/⟩.
6 ⟨http://www.charitynavigator.org/index.cfm?bay=content.view&cpid=483#43⟩.

Sollten Sie ihr Geld lieber A als B zukommen lassen? Nur wenn Sie wissen, dass die Hilfsprogramme von A genauso oder fast genauso effektiv sind wie diejenigen von B. Vielleicht hat A derart niedrige Verwaltungskosten, weil sie rein gar nichts für Kontrolle und Evaluation ausgibt. So fällt den Verantwortlichen dort nie auf, dass die Programme nicht zu den Regionen passen, in denen sie durchgeführt werden, und daher nur 10 % von ihnen den Armen zugutekommen. Die hochqualifizierten Mitarbeiter von Organisation B führen dagegen detaillierte Bewertungen durch, stoppen unwirksame Maßnahmen und stellen somit sicher, dass 90 % der Programme den Armen helfen. Auf Basis dieser Informationen lässt sich folgende Berechnung anstellen: Von Ihrer Spende an A werden 8 % für die Verwaltung und das Spendensammeln ausgegeben, 83 % verpuffen wirkungslos, und 9 % kommen bei den Armen an; spenden Sie hingegen an B, gehen 28 % Ihrer Spende für Verwaltungskosten und Spendensammeln ab, 7,2 % bleiben wirkungslos, und 64,8 % kommen den Armen direkt zugute. B ist die bessere Wahl.

Wenn Charity Navigator am einen Ende des Spektrums liegt, dann befindet sich GiveWell am anderen. Anstatt zu versuchen, alle Arten von Wohltätigkeitsorganisationen zu bewerten, lag der Schwerpunkt dort von Anfang an auf der Armutsbekämpfung. Nachdem zunächst vielversprechende karitative Einrichtungen sowohl in den Entwicklungsländern als auch in den USA geprüft wurden, entschied man (hauptsächlich aus den in Kapitel 10 genannten Gründen), dass Maßnahmen zur Unterstützung von armen Menschen in Entwicklungsländern viel kosteneffektiver sein dürften als in wohlhabenderen Ländern. Daher wurden fortan nur noch Wohltätigkeitsorganisationen untersucht, die den weltweit Ärmsten helfen wollen. Mittlerweile hat GiveWell Hunderte von ihnen überprüft, sich die vielversprechenderen im

Detail angesehen und nur die wenigsten empfohlen. Das bedeutet nicht, dass man dort zu dem definitiven Schluss gekommen ist, die übrigen Hilfswerke arbeiteten *nicht* kosteneffektiv, sondern nur, dass sich keine ausreichenden Belege *dafür* fanden. In Ermangelung solcher Beweise verfasst man bei GiveWell jeweils einen Bericht über die getesteten Organisationen, empfiehlt sie jedoch nicht.

In jüngerer Zeit haben die eigenen hohen Standards GiveWell dazu genötigt, sich weniger auf einzelne Einrichtungen und mehr auf bestimmte Maßnahmen zu konzentrieren. Der Grund dafür ist die Unzufriedenheit mit den Selbsteinschätzungen der Hilfswerke. Nachweise von höchster Qualität seien nur in der akademischen Forschung zu finden, die sich nicht auf Organisationen, sondern auf Hilfsmaßnahmen konzentriert (zum Beispiel auf die Verteilung insektizidbehandelter Moskitonetze, die Entwurmung von Kindern oder Bargeldtransfers für arme Familien). GiveWells augenblickliche Untersuchungsmethode sieht daher wie folgt aus: Zunächst identifiziert man Maßnahmen, die den strengsten Kriterien zufolge positive Wirkungen haben, und im Anschluss prüft man diejenigen Organisationen, die sich auf solche nachweislich erfolgreichen Interventionen beschränken. GiveWell empfiehlt außerdem eher Einrichtungen, die unabhängige, qualitativ hochwertige Studien ihrer eigenen Maßnahmen unterstützen sowie deren Ergebnisse offen diskutieren und daraus lernen wollen.

GiveWell ist nicht in der Lage, Organisationen zu evaluieren, die viele verschiedene Dinge tun, für die es kaum Beweise ihrer Wirksamkeit gibt, selbst wenn unter diesen vielfältigen Aktivitäten einige nachweislich vorteilhaft sind. Aus diesem Grund hat es auch keine der großen Hilfsorganisationen (Oxfam, CARE, Das Internationale Rote Kreuz, Ärzte ohne Grenzen, UNICEF, Save the Children, World Vision) auf GiveWells Empfehlungsliste geschafft, denn es sei schwierig, das von einem Dollar bewirkte Gute zu messen, wenn man ihn einer Organisation spende, die derart mehrgleisig fährt. Einige dieser Organisationen ermöglichen es Spendern zwar, ein bestimmtes Projekt zu unterstützen, doch GiveWell bezweifelt, dass dies wirklich einen Unterschied macht. Die betreffende Einrichtung wird nämlich auch ungerichtete Gelder erhalten und setzt vermutlich eigene Prioritäten. Falls Einzelspender ein oder zwei Projekte massiv unterstützen und andere links liegen lassen, kann die Organisation ja einige ihrer nicht zweckgebundenen Mittel dazu verwenden, die unterfinanzierten Projekte aufzupäppeln. Die Unterstützung für eine bestimmte Hilfsmaßnahme wird daher nicht unbedingt Einfluss darauf haben, ob diese fortgeführt wird, ja, sie wird sich vielleicht nicht einmal auf deren Umfang auswirken.

2013 empfahl GiveWell nur drei Wohltätigkeitsorganisationen, von denen sich zwei auf die Behandlung von Wurminfektionen spezialisiert haben, die bei Kindern zu einer Anämie führen und ihre schulischen Fortschritte hemmen; bei der dritten handelte es sich um GiveDirectly, das (wie wir in Kapitel 5 gesehen haben) gegründet wurde, um die Allerärmsten direkt mit Geld zu versorgen. Zur Bewertung dieser Maßnahmen wurden randomisierte kontrollierte Studien (*randomized controlled trials*, RCT) durchgeführt, dasselbe Verfahren, das auch Pharmakonzerne nutzen, um neue Medikamente zu testen. Vor der Maßnahme werden die potenziellen Empfänger identifiziert und deren Gesundheitszustand oder Wohlbefinden wird ermittelt. Normalerweise handelt es sich dabei um Personen, in einigen Fällen aber auch um ganze Dörfer. Die Hälfte von ihnen wird dann nach dem Zufallsprinzip ausgewählt und der Maßnahme unterzogen, die andere Hälfte dagegen nicht, und am Ende der Studie wird bei beiden Gruppen erneut nachgemessen. Die Randomisierung macht es möglich, die Auswirkungen der

Intervention von anderen Veränderungen, die zur gleichen Zeit in der Region auftreten, zu unterscheiden.[7]

RCT sind der Goldstandard im Gesundheitswesen. Schon häufiger haben sie gezeigt, dass weit verbreitete Medikamente und medizinische Behandlungen unwirksam oder weniger wirksam sind als alternative Verfahren, und für die Überprüfung von Hilfsprojekten können sie das Gleiche leisten. Ein Beispiel: In vielen Entwicklungsländern verbringen insbesondere die Mädchen nicht ausreichend Zeit in der Schule, um genug zu lernen, selbst wenn der Unterricht kostenlos ist. Um dies zu ändern, wurden folgende Strategien vorgeschlagen:

- an keine Bedingungen geknüpfte Geldzahlungen pro Mädchen;
- Geldzahlungen pro Mädchen, abhängig vom Schulbesuch;
- Leistungsstipendien für Mädchen;
- kostenlose Grundschuluniformen;
- Entwurmung an den Grundschulen;
- Informierung der Eltern über das höhere künftige Einkommen derjenigen, die regelmäßig zur Schule gehen.

All diese Strategien klingen erst einmal plausibel; welcher man angesichts der chronisch knappen Mittel für die Bildung in den Entwicklungsländern den Vorzug geben sollte,

7 Ein Beispiel für die Schwierigkeit, ohne ordentliche Zufallsstudien zu entscheiden, ob Verbesserungen der Gesundheit und des Wohlbefindens auf eine bestimmte Intervention zurückzuführen sind oder aber auf etwas Allgemeineres, findet sich in Michael Clemens, Gabriel Demombynes, »When Does Rigorous Impact Evaluation Make a Difference? The Case of the Millennium Villages«, Center for Global Development, Working Paper 225, Oktober 2010, ⟨http://www.cgdev.org/publication/when-does-rigorous-impact-evaluation-make-difference-case-millenniumvillages-working⟩.

lässt sich ohne randomisierte Tests unmöglich wissen. Doch das Jameel Poverty Action Lab hat sie alle getestet und festgestellt, dass die letzte Strategie auf der Liste die bei weitem rentabelste ist. 100 Dollar, die investiert werden, um Eltern über das höhere Einkommen derjenigen, die regelmäßig zur Schule gehen, zu informieren, führen zu erstaunlichen 20,7 zusätzlich in der Schule verbrachten Jahren! Entwurmungskuren an den Grundschulen sind ebenfalls sehr kosteneffektiv, pro 100 Dollar kommen dabei 13,9 zusätzliche Schuljahre zusammen. Die dritte und vierte Maßnahme sind relativ unwirksam, denn mit beiden gewinnt man für das gleiche Geld weniger als ein weiteres Jahr hinzu; mit den Geldtransfers erhält man sogar weniger als ein Zehntel eines weiteren Jahres.[8] Das wirksamste Verfahren erreicht somit mehr als zweihundert Mal so viel wie die beiden unwirksamsten, was bedeutet, dass man bei Letzteren 99,50 von 100 Dollar einfach verschwendet. Angesichts knapper Ressourcen und der Bedeutung der Bildung für die Zukunft der Kinder bedeutet diese Verschwendung, dass viele Menschen ihr volles Potenzial nicht entfalten können.

Im Jahr 2013 reisten Jacob Goldstein und Dave Kestenbaum vom Radio-Podcast *Planet Money* nach Kenia, um die Arbeit von GiveDirectly mit derjenigen von Heifer International zu vergleichen, einer karitativen Einrichtung, die den Bedürftigen dort Kühe überlässt. GiveDirectly hatte es unabhängigen Forschern ermöglicht, einen RCT zu den Auswirkungen der Geldtransfers durchzuführen. Paul Niehaus schlug Goldstein und Kestenbaum vor, dass eine ähnliche Studie auch die Frage entscheiden könne, ob man den Armen lieber Geld oder lieber Kühe zur Verfügung stellen

8 Rachel Glennerster, »Improving Primary Education with Evidence«, From Evidence to Policy. Decision Science Symposium, Kigali, Ruanda, 21.-23. 5. 2013, verfügbar auf: ⟨http://www.povertyactionlab.org/doc/rwanda-education-evidence-rachel-glennerster-may-21-2013⟩.

sollte, woraufhin die beiden mit Elizabeth Bintliff sprachen, der Vizepräsidentin der Afrikaprogramme von Heifer International. Bintliffs Antwort: »Wir experimentieren nicht. Hier stehen die Leben echter Menschen auf dem Spiel, und wir müssen das tun, was wir für richtig halten. Wir können nicht mit den Leben von Menschen experimentieren. Sie sind einfach… sie sind Menschen. Es steht zu viel auf dem Spiel.«[9]

Bintliff ist nicht die Erste, die Zufallsstudien für unmoralisch hält. Der übliche Einwand lautet, dass man der notwendigen Kontrollgruppe, also der Hälfte der »Population«, eine Maßnahme vorenthält, von der sie profitieren kann. Dieser Einwand würde vielleicht überzeugen, wenn wir gute Gründe zu der Annahme hätten, dass die Maßnahme vorteilhaft ist *und* jedem angeboten werden kann. Offenbar lassen die begrenzten Mittel von Heifer International das aber nicht zu. Doch warum sollte man die Tatsache, dass manche Menschen auf keinen Fall von der Maßnahme profitieren können, dann nicht wenigstens dazu nutzen, um herauszufinden, wie viel diese tatsächlich bringt? Daran scheint moralisch nichts auszusetzen zu sein. Wie dem auch sei: Niehaus schlug nicht vor, den Armen entweder eine Kuh oder überhaupt nichts zu geben, sondern, ihnen entweder eine Kuh oder aber Geld zu überlassen. Und woher wollte Heifer International denn wissen, dass die Bereitstellung von Kühen zu besseren Ergebnissen führt als die Bereitstellung finanzieller Hilfen?

In RCT von Arzneimitteln und bei medizinischen Maßnahmen wird ebenfalls »mit dem Leben von Menschen« experimentiert, aber wenn man diese Studien in Übereinstimmung mit Richtlinien durchführt, die von internationalen Forschungsorganisationen entwickelt wurden, dann wer-

9 »I Was Just Trying to Help«, *This American Life*, 16. 8. 2013, ⟨http://www.thisamericanlife.org/radio-archives/episode/503/transcript⟩.

den sie weithin nicht nur als zulässig, sondern als obligatorisch angesehen. Auf lange Sicht retten sie Leben. Denen, die es unmoralisch finden, »mit den Leben von Menschen [zu] experimentieren«, muss man entgegenhalten, dass die Alternative – nicht alles zu tun, um so viele Menschenleben wie möglich zu verbessern – noch viel schlimmer ist. Dass Heifer International sich nicht auf die Probe stellen lässt, deutet auf die Angst vor einem Ergebnis hin, das gegen diejenigen Hilfsprogramme spricht, die Heifers Markenzeichen sind.

Nichtsdestotrotz haben RCT auch Nachteile und Grenzen. Bei einigen Hilfsmaßnahmen verschlingt es den größten Teil des Budgets, dafür ausgebildete Menschen in die betreffenden, abgelegenen Dörfer zu schicken. Wird die Randomisierung nun auf der Ebene von Dörfern durchgeführt – was in einigen Situationen unumgänglich ist – und besteht die eine Hälfte der Studie darin, Messungen bei der Kontrollgruppe vorzunehmen, dann müssen zweimal so viele Orte besucht werden, und damit kann eine solche Studie die Gesamtkosten des Projekts nahezu verdoppeln. Oxfam America wollte auf diese Weise eigentlich das eigene »Savings for Change«-Programm testen, das Frauen in ländlichen Regionen in Mali ermutigte, gemeinsam Geld anzusparen, von dem sich jedes Mitglied bei Bedarf etwas leihen konnte. Die Studie erforderte jedoch den Besuch von 6000 Haushalten in 500 Dörfern, und Oxfam fürchtete, Spendengeber zu vergraulen, wenn fast die Hälfte des Geldes für die Forschung statt für die Direkthilfe verwendet würde. Das Dilemma wurde schließlich dadurch gelöst, dass Innovations for Poverty Action die Finanzierung der Studie übernahm – eine Forschungsgruppe, die von weitsichtigen Stiftungen, staatlichen Stellen, Unternehmen und Einzelpersonen dabei unterstützt wird, herauszufinden, welche Programme zur Armutsbekämpfung funktionieren und welche nicht. (Die Studie fand zwar bemerkenswerte Vorteile etwa bei der Ernährungssicherheit, aber keine in den Bereichen Gesundheit, Schulbesuch, Investitionen in kleine Unternehmen oder – überraschenderweise – bei der Stärkung von Frauen. Es kann sein, dass solche Unterschiede länger brauchen, um sichtbar zu werden, auf der anderen Seite ist es aber auch möglich, dass die Hilfsmaßnahme weniger Einfluss hat, als die Initiatoren des Projekts hofften.)[10]

Das Hauptproblem der RCT besteht darin, dass damit nur bestimmte Arten von Maßnahmen untersucht werden können, insbesondere nur solche, die höchstens Hunderte oder Tausende von Individuen oder Dörfern betreffen. Da man nur hier Stichproben nehmen kann, die groß genug sind, um statistisch signifikante Schlüsse zu erlauben, sind RCT ungeeignet zur Bewertung nationaler oder internationaler Hilfs- oder Lobbyarbeit. Oxfam beispielsweise setzt jedoch auf beide Arten von Maßnahmen. Die Lobbyarbeit soll durch die Direkthilfe besser geerdet werden, aber gleichzeitig den Ursachen der Armut so gut wie möglich entgegentreten, und der Einsatz für politische Veränderungen spricht natürlich diejenigen an, die befürchten, dass traditionellere Hilfsmaßnahmen nur die Symptome der Armut bekämpfen, statt tiefer anzusetzen.

Manchmal kann man eine Kosten-Nutzen-Rechnung der Lobbyarbeit aufmachen, die ziemlich klar zeigt, dass hier gute Arbeit geleistet wird. Oxfam behält seit langem Rohstoffindustrien wie die Öl- und Bergbauindustrie im Auge, die den Armen oft ihr Land wegnehmen oder Flüsse verschmutzen, auf die diese wegen der Fischvorkommen, der Bewässerung und des Trinkwassers angewiesen sind. Einige dieser Industrien bedeuten Arbeitsplätze und Einkommen für die lokale Wirtschaft, andere jedoch nicht. Als im Jahr 2007 größere Öl- und Gasvorkommen in Ghana entdeckt

10 Innovations for Poverty Action, »Evaluating the Savings for Change Program in Mali«, ⟨http://www.poverty-action.org/project/0054⟩.

wurden, schaltete sich Oxfam daher ein. Obwohl Ghana als ordentlich regierte Demokratie gilt, war es keineswegs sicher, dass diese neue Einnahmequelle den Armen, die etwa ein Viertel der Bevölkerung ausmachen, zugutekommen würde. Im Lauf der nächsten sieben Jahre unterstützte Oxfam seine ghanaischen Partner bei deren Bemühungen um einen Dialog mit der Regierung, bei dem es um mehr Transparenz und eine öffentliche Rechenschaftspflicht in der Öl- und Gasindustrie ging. Viele der ärmsten Ghanaer sind Kleinbauern, weshalb Oxfam und seine lokalen Partner beschlossen, eine »Öl für die Landwirtschaft«-Kampagne ins Leben zu rufen, um diesen einen erheblichen Teil der Öleinnahmen zu sichern. Die Hilfsorganisation unterstützte Forschungsberichte und öffentliche Foren, in denen die Verwendung der Öleinnahmen diskutiert wurde, und half seinen Partnern vor Ort, die Öffentlichkeit für dieses Anliegen zu sensibilisieren sowie Sitzungen in hohen Regierungskreisen zu arrangieren. Zudem überzeugte Oxfams Kampagne auch die Weltbank und den Internationalen Währungsfonds von der Wichtigkeit des Themas. Erste Erfolge sind bereits sichtbar: Der Staatshaushalt Ghanas für das Jahr 2014 teilte der Landwirtschaft 15 % der staatlichen Öleinnahmen zu, eine Steigerung des Landwirtschaftsetats von 23 % gegenüber dem Vorjahr. Die Öleinnahmen des Landes beliefen sich 2014 auf rund 777 Millionen Dollar; 15 % davon sind etwa 116 Millionen, die zum allergrößten Teil an die »armutsfokussierte Landwirtschaft« gehen sollen. Oxfams finanzieller Beitrag zu diesem Resultat waren 75 000 Dollar in Form von Zuschüssen an die Partner und weitere 50 000 Dollar, um die nächste Phase der Kampagne zu tragen, die sicherstellen soll, dass die Gelder auch an der richtigen Stelle ankommen.[11] In-

11 Ghanas erwartete Öleinnahmen für das Jahr 2014 stammen vom Finanzministerium der Republik Ghana, 2014 Citizens Budget, Accra, 2013, S. 16, verfügbar auf ⟨http://www.mofep.gov.gh/sites/default/fi

direkte Kosten wie die Arbeitszeit der Helfer und die Reisen nach Ghana sind in diesen Zahlen nicht enthalten, aber insgesamt dürften es nicht mehr als 200 000 Dollar gewesen sein. Nicht wissen können wir dabei allerdings, wie viel von den Öleinnahmen auch ohne Oxfams Hilfe an die Landwirtschaft – und speziell an die armutsfokussierte Landwirtschaft – gegangen wäre. Vielleicht wäre die Regierung auch so zu diesem wünschenswerten Ergebnis gekommen? Einem wahrscheinlicheren Szenario zufolge wäre ohne Oxfam zwar etwas, aber nicht so viel mehr Geld in die armutsfokussierte Landwirtschaft geflossen. Wenn wir sehr konservativ schätzen, dass Oxfam es nur 1 % wahrscheinlicher gemacht hat, dass zusätzliche 15 % der Öleinnahmen den Ghanaern in extremer Armut zugutekommen (die sonst nichts davon gehabt hätten), dann hatten die Maßnahmen immer noch einen Erwartungsnutzen von 1 % der 116 Millionen, also 1,16 Millionen. Angesichts der vergleichsweise bescheidenen 200 000 Dollar, die Oxfam dafür ausgegeben hat, entspräche das einer Rendite von 580 %. Ein anderer Rechenweg ist folgender: Wie hoch ist die Wahrscheinlichkeit, dass die Oxfam-Kampagne den Anteil der Öleinnahmen, die an die Armen gehen, um mindestens 10 Millionen Dollar gesteigert hat? Auch hier können wir die Wahrscheinlichkeit mit nur 10 % veranschlagen (und damit eine 90 %-Wahrscheinlichkeit dafür lassen, dass die Kampagne entweder gar keinen Effekt hatte oder weniger als 10 Millionen Dollar einbrachte) und hätten bei Ausgaben von 200 000 Dollar dennoch einen Erwartungswert von 10 % von 10 Millionen Dollar, sprich 1 Million, was immer noch einer Rendite von 500 % entspricht. Das bezieht sich im Übrigen nur auf den Haushalt für das Jahr 2014; falls die Öleinnahmen erwartungsgemäß weiter in das Budget einfließen und es bei

les/news/2014_Citizens_Budget_Chapter_3.pdf). Ich danke Oxfam America für die Unterstützung.

den derzeitigen 15 % bleibt, wird über die Jahre deutlich mehr zusammenkommen. Dies alles setzt natürlich voraus, dass die Regierung das Geld nicht als Entschuldigung dafür benutzt, die Ausgaben für die Landwirtschaft an anderer Stelle zu kürzen. Offen ist auch, inwieweit die Programme den Kleinbauern tatsächlich helfen werden. Das endgültige Urteil steht also noch aus, aber in diesem speziellen Fall von Lobbyarbeit hat Oxfam Grund zum Optimismus.

Eine weitere Kampagne, von der die Armen zu profitieren scheinen, ist ein internationales Hilfsprojekt mit dem Namen »Behind the Brands«. Die 10 größten Lebensmittel- und Getränkekonzerne der Welt sollen hier auf ihre Einstellung zu ethisch sensiblen Themen geprüft werden, etwa die Behandlung von Kleinbauern, die nachhaltige Nutzung von Wasser und Land, den Klimawandel oder die Ausbeutung von Frauen. Im Rahmen der Kampagne machte Oxfam öffentlich, wie manche Zuckerunternehmen (die zugleich Lieferanten für einige der größten Lebensmittelkonzerne sind) sich Land aneignen, indem sie die Armen von Grundstücken vertreiben, die diese seit Generationen – wenn auch ohne rechtliche Dokumentation ihrer Eigentümerschaft – bewohnen. In dem im Nordosten Brasiliens gelegenen Bundesstaat Pernambuco beispielsweise lebte eine Gruppe von Fischerfamilien seit 1914 auf Inseln in der Mündung eines Flusses namens Sirinhaém. 1998 ersuchte die Usina-Trapiche-Zuckerraffinerie den Staat, das Land übernehmen zu dürfen, und ließ den Insulanern zufolge dieser Petition dann umgehend Taten folgen: Sie zerstörte die Häuser und Höfe der Bewohner und drohte jedem, der das Land nicht verlassen wollte, weitere Gewalt an. Als die Familien ihre Häuser wieder aufbauten, brannte man sie nieder. Obwohl die Produkte von Coca-Cola und Pepsi Zucker von Usina Trapiche enthalten, weigerten die Firmen sich bis zu Oxfams Kampagne, Verantwortung für das Verhalten ihrer Lieferanten zu übernehmen. Oxfam verlangte von allen 10 Großkonzernen, Flagge zu zeigen, indem diese von ihren Zulieferern fordern sollten, vor dem Erwerb von Land die freie und informierte Zustimmung der indigenen und lokalen Gemeinschaften einzuholen. Nestlé war die erste Firma, die sich in vollem Umfang darauf verpflichtete. Als Nächstes erklärte Coca-Cola, eine Null-Toleranz-Politik hinsichtlich des Landraubs seiner Lieferanten und Abfüller verfolgen zu wollen; außerdem versprach der Konzern, die Liste seiner Lieferanten von Zuckerrohr, Soja und Palmöl zu veröffentlichen, sich um soziale, ökologische und menschenrechtliche Fragen zu kümmern sowie mit Usina Trapiche über den Konflikt mit den Fischern zu sprechen. 2014 akzeptierte dann auch Pepsi das Prinzip der Verantwortung für seine Zulieferer, genauso wie Associated British Foods, Afrikas größter Zuckerproduzent und ein weiterer »Big 10«-Lebensmittelkonzern.[12] Der aus diesen Selbstverpflichtungen entstehende Nutzen ist schwieriger zu quantifizieren als derjenige aus den Öleinnahmen Ghanas, könnte aber auf lange Sicht ebenfalls erheblich sein.

Die politische Interessenvertretung stellt auch deshalb eine attraktive Option dar, weil sie denjenigen Kritikern den Wind aus den Segeln nimmt, die behaupten, dass Hilfsprogramme nur die Symptome der globalen Armut behandeln, anstatt die Ursachen anzugehen. Der Versuch, unfaire Handelspraktiken zu ändern, ist eine Möglichkeit, zumindest einige dieser Ursachen zu bekämpfen. Wir können so beispielsweise versuchen, die Auswirkungen des so genannten Ressourcenfluchs zu lindern, also der paradoxen Tatsache,

12 Oxfam International, *Sugar Rush*, 2.10.2013, ⟨http://www.oxfam. org/sites/www.oxfam.org/files/bn-sugar-rush-land-supply-chains-food-beveragecompanies-021 013-en_1.pdf⟩; Oxfam International, »PepsiCo Declares ›Zero Tolerance‹ for Land Grabs in Supply Chain«, 18.3.2014, ⟨http://www.oxfam.org/en/grow/pressroom/pressrelease/2014-03-18/pepsico-declares-zero-tolerance-landgrabs-supply-chain⟩.

dass die Entdeckung natürlicher Ressourcen wie Öl oder wertvoller Mineralien in Entwicklungsländern die Armut unangetastet lässt oder noch verschlimmert. Zum Teil geht dieses Phänomen darauf zurück, dass eine florierende Exportindustrie die Landeswährung verteuert und es dem lokalen verarbeitenden Gewerbe dadurch erschwert, auf den internationalen Märkten zu bestehen. Da diese Industriezweige vermutlich arbeitsintensiver sind als die Öl- und Bergbauindustrie, kann es so zu höherer Arbeitslosigkeit kommen. Ein weiterer Faktor ist allerdings die Korruption. Oft fließt ein Großteil der Milliarden, die ausländische Unternehmen für die Schürfrechte zahlen, in die Taschen von Regierungsbeamten, die das Geld dann auf ihre Geheimkonten im Ausland schaffen. Illegale Finanzströme aus rohstoffreichen Entwicklungsländern sind häufig um ein Vielfaches größer als die gesamte Entwicklungshilfe, die in diese Länder fließt. Angola beispielsweise verzeichnete zwischen den Jahren 2000 und 2008 illegale Transaktionen in Höhe von 34 Milliarden Dollar; die Entwicklungshilfe betrug in der gleichen Zeit nur etwa ein Neuntel davon.[13] Ganz offensichtlich kommt das Geld also nicht bei den Einwohnern an, denen es zusteht, doch das ist noch nicht einmal die schlimmste Folge der Korruption. Die Reichtümer, die denjenigen erwarten, der die Kontrolle über das Land an sich reißen kann, erhöhen das Risiko eines Militärputschs oder bewaffneten Aufstands, die sich wiederum zu einem verheerenden Bürgerkrieg auswachsen können. Aus diesem Grund nehmen viele Hilfsorganisationen heute an der Extractive Industries Transparency Initiative teil, um zusammen mit Regierungen und Unternehmen einen internationalen Standard zu etab-

13 Organization for Economic Cooperation and Development, DAC International Network on Conflict and Fragility, Fragile States 2013. Resource Flows and Trends in a Shifting World, ⟨http://www.oecd.org/dac/incaf/FragileStates2013.pdf⟩, S. 78f.

lieren, der für Transparenz in Bezug auf die Gelder und ihre Verwendung sorgen soll, die ausländische Unternehmen für Ressourcenrechte an die Regierungen der rohstoffreichen Länder zahlen. Falls diese Initiative die Korruption verringern kann, werden die Mittel der Hilfswerke gut angelegt gewesen sein.

Die größte armutsbekämpfende Organisation, die ausschließlich Lobbyismus und Kampagnenarbeit betreibt, ist die von Bono mitgegründete ONE. Sie hat etwa 160 Mitarbeiter und eigenen Angaben zufolge über vier Millionen Mitglieder, die – statt zum Spenden – dazu aufgerufen sind, Petitionen zu unterschreiben oder politische Entscheidungsträger zu kontaktieren.[14] ONE finanziert sich fast vollständig aus Stiftungsgeldern, und zumindest in manchen Fällen scheint sich das für die Stiftungen auch zu lohnen. Im Jahr 2011 warb ONE dafür, dass Staaten ihre zugesagten Hilfen für die Impfschutzinitiative Global Alliance for Vaccines and Immunization (GAVI) erhöhen sollten, und bis zum Juni des gleichen Jahres hatte die GAVI Zusagen in Höhe von 4,3 Milliarden Dollar erhalten, mehr als das Hundertfache der Gesamtausgaben von ONE, die 2011 29 Millionen betrugen. Wie viel von diesem Erfolg geht auf das Konto der Organisation? Waren es auch nur 1 %, dann hat sich der Aufwand gelohnt, welchen Anteil ihres Jahresbudgets ONE auch immer dafür ausgegeben hat. Außerdem organisierte sie 2011 noch weitere Kampagnen: Mit gleichgesinnten Organisationen arbeitete sie etwa daran, den UN Consolidated Appeal für das Horn von Afrika zu einem der bestfinanzierten Appelle der Vereinten Nationen angesichts einer humanitä-

---

14 »About ONE«, ⟨http://www.one.org/international/about/⟩; Give-Well, »Advocacy for Improved or Increased U.S. Foreign Aid«, Januar 2014, ⟨http://www.givewell.org/labs/causes/advocacy-foreign-aid⟩; GiveWell, »A Conversation with Ben Leo«, ⟨http://files.givewell. org/files/conversations/Ben%20Leo%209-3-13 %20(public).pdf⟩.

ren Katastrophe zu machen; darüber hinaus war sie Teil einer erfolgreichen Kampagne, die die Europäische Kommission davon überzeugte, ein Gesetz vorzuschlagen, das die Rohstoffindustrien auf mehr Transparenz verpflichten soll. Zuletzt prüfte und publizierte ONE zudem noch die Fortschritte der G8-Länder bei der Erfüllung ihrer beim Gipfel von L'Aquila gemachten Versprechungen hinsichtlich der Effektivität und des Umfangs ihrer Hilfsprogramme. Auf der anderen Seite mag 2011 ein besonders erfolgreiches Jahr gewesen sein. 2012 schwächelte Europa wirtschaftlich, und der größte Erfolg von ONE bestand darin, allzu drastische Kürzungen bei der europäischen Entwicklungshilfe zu verhindern. Da die Budgets der europäischen Länder in der Regel (gemessen am Bruttonationaleinkommen) größer und auch besser auf die Armutbekämpfung ausgerichtet sind als das Budget der USA, dürfte aber auch diese Maßnahme immerhin effektiv gewesen sein.[15]

GiveWell ist mittlerweile eine Partnerschaft mit Good Ventures eingegangen, einer von Cari Tuna und ihrem Ehemann, dem Internet-Unternehmer Dustin Moskovitz, gegründeten gemeinnützigen Stiftung. Zusammen haben sie das Open Philanthropy Project ins Leben gerufen, um so eine viel breitere Palette von Spendenmöglichkeiten untersuchen zu können. Das Open Philanthropy Project ist nicht der rigorosen Methodologie GiveWells unterworfen und veröffentlicht daher bereits Übersichten zu solchen Themen wie der Förderung der wissenschaftlichen Forschung, der Reduzierung existentieller Risiken oder dem Versuch, die Strafjustiz der USA zu reformieren. Eine dieser Überblicksdarstellungen betrifft die Lobbyarbeit für eine verbesserte oder erhöhte US-Auslandshilfe. Dort werden mehrere möglicherweise erfolgreiche politische Initiativen erwähnt,

15 Siehe die Jahresberichte von ONE für 2011 und 2012 unter ⟨www.one. org/international/annualreport/⟩.

das Fazit lautet allerdings, dass weitere Untersuchungen nötig sind, um sicherzugehen, dass solche Initiativen auch wirklich etwas bewirken. Falls die Interessengruppen allerdings tatsächlich einen Einfluss haben sollten, wäre die Rendite »wahrscheinlich extrem hoch«.[16] Mit anderen Worten: Zurzeit wissen wir nicht genau, ob die politische Interessenvertretung rentabler ist als direkte Hilfsmaßnahmen.

16 GiveWell, »Advocacy for Improved or Increased U.S. Foreign Aid«, Januar 2014, ⟨http://www.givewell.org/labs/causes/advocacy-fo reign-aid⟩.

15. Das Ende der Menschheit verhindern

Droht uns das gleiche Schicksal wie den Dinosauriern? Wie heute allgemein anerkannt wird, schlug vor etwa 65 Millionen Jahren ein großer Asteroid oder Komet auf der Erde ein und wirbelte dabei so viel Staub auf, dass es zu kalt für die Dinosaurier wurde und diese ausstarben. Der NASA (die US-amerikanische Luft- und Raumfahrtbehörde) zufolge treten Kollisionen der Erde mit sehr großen Objekten im Weltraum »durchschnittlich einmal alle 100 000 Jahre oder seltener auf«,[1] doch wenn ein solches Objekt groß genug ist, löscht es nächstes Mal vielleicht unsere eigene Spezies aus. Das Near Earth Object Program der NASA spürt schon heute diejenigen Asteroiden auf und behält sie im Auge, die uns potenziell gefährlich werden könnten. Sollten wir außerdem Ressourcen in die Entwicklung der Fähigkeit stecken, alle Objekte, die auf Kollisionskurs mit uns liegen, abzuwehren? Und was ist mit den anderen Risiken, die uns drohen? Auch wenn diese Risiken sehr klein sein mögen, sind sich die meisten Menschen doch darin einig, dass der Untergang der Menschheit ein äußerst schlechtes Ereignis wäre. Sind wir daran interessiert, möglichst viel Gutes zu tun oder möglichst viel Schaden abzuwenden, dann sollten wir die geringe Chance einer gewaltigen Katastrophe also nicht ignorieren.

Nick Bostrom ist der Direktor des Future of Humanity Institute an der University of Oxford. Er verwendet den Be-

---

1 National Aeronautics and Space Administration, Near Earth Object Program, Torino Hazard Scale, ⟨http://neo.jpl.nasa.gov/torino_scale.html⟩.

griff »existentielles Risiko« für eine Situation, in der »ein negatives Ergebnis das intelligente Leben irdischen Ursprungs entweder vernichtet oder dessen Potenzial drastisch beschneidet«.[2] Bostrom spricht von »intelligente[m] Leben irdischen Ursprungs«, weil es ihm nicht um eine bestimmte Spezies geht, sondern um den *Typ* von Leben, das existiert: Ist es intelligent? Macht es positive Erfahrungen? Etc. Möglicherweise gibt es auch anderswo im Universum intelligentes Leben, aber das Weltall lässt sich nicht mit einem Gebirgstal vergleichen, das von anderen Pflanzenfressern bevölkert wird, sobald das dort ansässige Rotwild ausstirbt. Das Universum ist so groß und intelligente Lebensformen sind so selten, dass das Ende des intelligenten Lebens irdischen Ursprungs eine Lücke risse, die in absehbarer Zeit wohl nicht gefüllt werden würde, und daher dürfte die Anzahl der intelligenten Wesen, die jemals existieren, dadurch drastisch sinken.

Welches sind die wichtigsten existentiellen Risiken, und wie wahrscheinlich ist es, dass wir sie reduzieren können? Abgesehen von einem Asteroideneinschlag kommen unter anderem infrage:

- *Atomkrieg*: Obwohl die Gefahr seit dem Ende des Kalten Krieges gesunken ist, verfügen die Atommächte noch immer über rund 17000 Nuklearsprengköpfe, mehr als genug, um für die Auslöschung aller größeren Tiere auf dem Planeten zu sorgen – uns eingeschlossen.[3]
- *Pandemie natürlichen Ursprungs*: Im 21. Jahrhundert haben wir bereits die Entstehung mehrerer tödlicher Viren

2 Nick Bostrom, »Existential Risks. Analyzing Human Extinction Scenarios And Related Hazards«, in: *Journal of Evolution and Technology* 9 (2002), verfügbar auf ⟨www.jetpress.org/volume9/risks.html⟩.
3 Hans Kristensen, Robert Norris, »Global Nuclear Weapons Inventories, 1945-2013«, in: *Bulletin of the Atomic Scientists* 69 (2013), S. 75-81.

beobachten müssen, für die es kein Heilmittel gibt. Glücklicherweise ist keines von ihnen hoch ansteckend gewesen, doch das könnte sich ändern.

- *Pandemie, die durch Bioterrorismus verursacht wird*: Terroristen könnten absichtlich Viren erschaffen, die sowohl tödlich als auch hoch ansteckend sind.

- *Globale Erwärmung*: Den wahrscheinlichsten Prognosen zufolge wird die Erderwärmung im Lauf des nächsten Jahrhunderts zu regionalen Katastrophen, nicht aber zum Ende der Menschheit führen. Die großen Unbekannten in dieser Gleichung sind jedoch die Rückkopplungsschleifen: Die Freisetzung von Methan durch das Auftauen des sibirischen Permafrosts beispielsweise könnte die Erde im 22. Jahrhundert oder spätestens innerhalb der nächsten 500 Jahre unbewohnbar machen. Solche Zeiträume geben uns vielleicht genug Zeit, um einen anderen Planeten zu kolonisieren, aber sicher darf man sich dessen gewiss nicht sein.

- *Nanotechnologie-Unfall*: Dieses auch als »gray goo« bekannte Szenario geht von winzigen, sich selbst replizierenden Robotern aus, die sich vermehren, bis nichts anderes mehr übrig ist. Hoffen wir, dass es Science-Fiction bleibt.

- *Superdichte »seltsame Materie«, die bei physikalischen Experimenten entsteht*: Spekulationen zufolge könnte bei Experimenten mit Anlagen wie dem Large Hadron Collider Materie entstehen, die so dicht ist, dass sie alle in der Nähe befindlichen Atomkerne anzieht, bis schließlich der ganze Planet zu einer superdichten Kugel von etwa 100 Metern Durchmesser geworden ist.

- *Superintelligente unfreundliche künstliche Intelligenz*: Einige Informatiker glauben, dass die künstliche Intelligenz irgendwann in diesem Jahrhundert die menschliche Intelligenz übertreffen und sich dann der menschlichen Kontrolle entziehen wird. Falls sie uns feindlich gesinnt ist, wären wir ihr schutzlos ausgeliefert.

Das Risiko, das einige dieser Szenarien darstellen, lässt sich kaum einschätzen, anderen stehen wir scheinbar hilflos gegenüber. Den Asteroideneinschlag habe ich zuerst erwähnt, weil wir eine ungefähre Vorstellung davon haben, wie die Chancen dafür stehen und wir sie zu unseren Gunsten verbessern können. Falls die NASA Recht damit hat, dass ein Asteroid, von dem eine existentielle Gefahr ausgeht, uns wahrscheinlich »alle 100 000 Jahre oder seltener« trifft, sollten wir mit der Frage beginnen, was zu tun ist, wenn diese Zahl stimmt, und im Anschluss erwägen, welchen Unterschied das »oder seltener« macht. Ausgehend von dem Gedanken, dass eine solche Kollision wahrscheinlich alle 100 000 Jahre einmal vorkommt, sind die Chancen, dass dies im Lauf der nächsten 100 Jahre geschieht, 1:1000. Wie erwähnt, sucht und beobachtet die NASA Objekte im Weltraum, die mit uns zusammenstoßen könnten. Wenn sie Alarm schlüge, könnten wir beim momentanen Stand der Technik allerdings nichts unternehmen, und es ist auch nicht klar, ob sie uns genug Vorwarnzeit für Gegenmaßnahmen verschaffen könnte – zum Beispiel, um eine Rakete mit Atomsprengkopf zu entwickeln, die den Asteroiden von seinem Kurs abbringt. Wir könnten jedoch heute schon damit beginnen, die entsprechenden technischen Voraussetzungen zu schaffen. Angenommen, es koste 100 Milliarden Dollar, ein solches Projekt binnen 10 Jahren aus dem Boden zu stampfen, und veranschlagen wir ferner eine Lebensdauer von 100 Jahren für das Projekt. Die Chancen, dass wir es überhaupt nutzen, stehen dann bei nur 1:1000; andernfalls hätten wir die 100 Milliarden vergeudet. Damit sich eine solche Ausgabe lohnt, muss uns das Verhindern des Aussterbens der Menschheit also mehr als 100 Billionen Dollar (1000 × 100 Milliarden

Dollar) wert sein. Wie lässt sich diese Zahl einordnen? US-Regierungsstellen wie die Umweltschutzbehörde oder das Verkehrsministerium schätzen regelmäßig den Wert eines menschlichen Lebens, um zu bestimmen, wie viel man zur Verhinderung eines einzigen Todesfalls ausgeben sollte; ihre aktuellen Angaben reichen von 6 bis 9,1 Millionen Dollar.[4] Angenommen, der Asteroid träfe uns zur Jahrhundertmitte, im Jahr 2050. Die Weltbevölkerung wird zu diesem Zeitpunkt voraussichtlich rund 10 Milliarden Menschen betragen, und bei einer Summe von 100 Billionen wäre jedes Menschenleben dann gerade mal 10 000 Dollar wert. Auf der Grundlage der Schätzungen der US-Behörden wäre das nicht einmal genug, um auch nur den Wert der Leben der mehr als 300 Millionen US-Bürger abzudecken, die getötet werden würden. Dies legt nahe, dass es sich in der Tat lohnt, Asteroiden aus der Bahn werfen zu können, die alle 100 000 Jahre bei uns einschlagen.

Was passiert, wenn wir den Zusatz »oder seltener« der NASA ernst nehmen und die Chance, dass eine solche Katastrophe innerhalb des nächsten Jahrhunderts geschieht, von 1:1000 auf 1:100 000 heraufsetzen (was bedeuten würde, dass eine solche Kollision nur alle 10 Millionen Jahre vorkommt)? Die 100 Milliarden Dollar zur Beseitigung dieses viel geringeren Risikos scheinen immer noch gut angelegt zu sein, denn ein Menschenleben wäre dieser Rechnung zufolge die immer noch relativ bescheidene Summe von 1 Million Dollar wert.

Bislang haben wir nur diejenigen Menschen berücksichtigt, die durch den Einschlag umkämen. Es geht jedoch um mehr: Sowohl andere Tierarten als auch künftige menschliche Generationen stehen auf dem Spiel. Konzentrieren

---

4 Binyamin Appelbaum, »As U.S. Agencies Put More Value on a Life, Businesses Fret«, *New York Times*, 16. 2. 2011.

wir uns der Einfachheit halber auf letztere. Welchen Unterschied würde das machen? Derek Parfit geht es um genau diese Frage, wenn er uns dazu auffordert, drei verschiedene zukünftige Entwicklungen der Menschheitsgeschichte miteinander zu vergleichen:

1. Frieden;
2. ein Atomkrieg, der 99 % der Weltbevölkerung umbringt;
3. ein Atomkrieg, der 100 % umbringt.

Parfit kommentiert das wie folgt:

> (2) wäre schlimmer als (1) und (3) wäre schlimmer als (2). Welcher dieser beiden Unterschiede ist gravierender? Die meisten Menschen glauben, dass die größere Differenz zwischen (1) und (2) besteht. Ich glaube, dass der Unterschied zwischen (2) und (3) *sehr viel* größer ist. […] Die Erde wird für mindestens eine weitere Milliarde Jahre bewohnbar bleiben. Unsere Zivilisation gibt es erst seit wenigen tausend Jahren. Wenn wir uns nicht selbst zerstören, dürften diese paar tausend Jahre nur einen winzigen Bruchteil der gesamten zivilisierten Menschheitsgeschichte ausmachen. Der Unterschied zwischen (2) und (3) wäre somit die Differenz zwischen diesem Bruchteil und dem gesamten Rest. Wenn wir diesen möglichen Geschichtsverlauf mit einem einzigen Tag vergleichen, dann ist bisher nur ein Sekundenbruchteil davon vergangen.[5]

Bostrom sieht das ähnlich; er eröffnet seine Argumentation mit der »Annahme, dass der Wert eines Lebens – falls dessen Qualität und Dauer konstant bleiben – nicht davon abhängt, wann dieses auftritt und ob es bereits existiert oder aber in Abhängigkeit von zukünftigen Ereignissen und Entschei-

5 Derek Parfit, *Reasons and Persons* (Oxford: Clarendon Press, 1984), S. 453 f.

dungen erst noch existieren wird«.[6] Diese Annahme impliziert, dass der Tod einer lebenden Person nicht schlimmer ist als die Nichtexistenz eines nie gezeugten Kindes, falls die Qualität und Dauer der beiden Leben die gleichen wären. In der Praxis werden andere Faktoren wie etwa die Trauer der Angehörigen um die Verstorbenen unser Gesamturteil hinsichtlich der Frage beeinflussen, was schlimmer wäre. Bostrom stellt nur die abstraktere Frage nach dem Wert eines Lebens und behauptet nicht, dass andere Dinge keine Rolle spielen. Und dennoch: So über den Wert eines Lebens nachzudenken, geht noch einen gewagten Schritt über die in Kapitel 7 besprochene Idee der Unparteilichkeit hinaus.

Wenn wir Bostroms These schlucken und außerdem wie er und Parfit akzeptieren, dass das Leben – entweder so, wie es ist, oder so, wie es wahrscheinlich sein wird – einen positiven Wert hat, dann wären die 10 Milliarden Opfer einer existentiellen Katastrophe im Jahr 2050 fast nichts im Vergleich zu dem Potenzial, das dadurch verloren ginge. Bostrom übernimmt Parfits Annahme, die Erde werde für eine Milliarde Jahre bewohnbar bleiben, und schlägt vor, dass wir vorsichtig schätzen können, sie biete über diesen Zeitraum hinweg einer Milliarde Menschen Platz. Das entspricht einer Milliarde Milliarde (das heißt 10^{18} oder einer Trillion) menschlicher Lebensjahre, doch selbst diese riesige Zahl ist im Vergleich zu derjenigen, die Bostrom in seinem Buch *Superintelligenz* präsentiert, verschwindend gering. Er spekuliert dort über die Anzahl der Planeten, die wir in Zukunft besiedeln könnten sowie über die mögliche Entwicklung digitaler Intelligenzen, die in Computern statt in biologischen Gehirnen realisiert wären. Unter Berücksichtigung solcher Lebensformen kommt Bostrom auf 10^{58} mög-

---

6 Nick Bostrom, »Existential Risk Prevention as Global Priority«, in: *Global Policy* 4 (2013), S. 16.

liche intelligente Lebewesen. Um unserem Verständnis einer so gigantischen Zahl auf die Sprünge zu helfen, schreibt er:

> Wenn eine einzige Freudenträne für das gesamte Glück eines solchen Lebens stünde, dann könnte das Glück all dieser Menschen alle Weltmeere in jeder Sekunde neu füllen, und das einhundert Milliarden Milliarden Jahrtausende lang. Es ist von entscheidender Bedeutung, dafür zu sorgen, dass es tatsächlich Tränen der Freude sein werden.[7]

Wir müssen diese spekulativeren Szenarien nicht plausibel finden, um Bostrom darin zuzustimmen, dass das Verringern existentieller Risiken den größten Erwartungswert hat, solange wir nur seine Annahme hinsichtlich des Werts eines menschlichen Lebens teilen. Schon die »konservativere« Zahl von 10^{18} Lebensjahren ist so groß, dass der erwartete Nutzen einer sehr bescheidenen Verringerung des Risikos der Auslöschung der Menschheit schwerer wiegt als all die anderen guten Zwecke, denen wir uns überhaupt widmen könnten.

Warum wird das Thema derart vernachlässigt, wenn die Reduktion existentieller Risiken von solch entscheidender Bedeutung ist? Bostrom bietet mehrere Gründe an. Erstens hat es nie eine existentielle Katastrophe gegeben, daher scheint diese Möglichkeit sehr weit hergeholt zu sein; zweitens hilft es nicht, dass das Thema, in seinen Worten, »von Untergangspropheten und Spinnern vereinnahmt« wurde. Weitere Gründe für diese Vernachlässigung kennt man aus Diskussionen über die psychologischen Barrieren, die verhindern, dass Menschen mehr gegen die globale Armut tun:

---

7 Nick Bostrom, *Superintelligenz. Szenarien einer kommenden Revolution* (Berlin: Suhrkamp Verlag, 2014), S. 146; siehe auch ders., »Existential Risk Prevention as Global Priority«, S. 18 f. Eine ähnliche Position vertritt Nick Beckstead in *The Overwhelming Importance of Shaping the Far Future* (Dissertation, Rutgers University, 2013).

Es gibt keine leicht identifizierbaren Opfer und es gibt keine klaren Zuständigkeiten, wenn kein Individuum, Amt oder Land verantwortlicher für die Lösung des Problems ist als ein anderes.[8] Ich habe behauptet, dass effektive Altruisten eher von ihrem Verstand als von ihrem Gefühl geleitet werden und daher eher für den besten Zweck spenden werden, ob es nun identifizierbare Opfer gibt oder nicht. Existentielle Risiken zwingen uns jedoch einen weiteren Abstraktionsschritt auf, weil die überwältigende Mehrheit derjenigen, die von deren Senkung profitieren, noch nicht existieren und im Fall unseres Scheiterns auch nie existieren werden. Einige dürften nun behaupten, dass dieser weitere Schritt nicht bloß über unser emotionales Einfühlungsvermögen, sondern auch über das vernünftige Maß hinausgeht. Er übersehe, was das wirklich Tragische eines vorzeitigen Todes sei: Er beende das Leben bestimmter lebender Personen und vereitle damit deren Pläne und Ziele. Menschen, die nie geboren werden, haben keine Pläne gemacht oder sich Ziele gesetzt, daher haben sie auch weniger zu verlieren. Wie diese Argumentation zeigt, hängt das Ausmaß des Übels der Vernichtung des intelligenten Lebens auf der Erde entscheidend davon ab, wie hoch wir diejenigen Leben schätzen, die noch nicht begonnen haben und es vielleicht nie tun werden.

Die Ansicht, dass jedes Leben gleich viel zählt (egal, ob es sich um das Leben eines Menschen handelt, der existieren wird, was auch immer wir tun, oder um ein Leben, das es nur dann geben wird, wenn wir bestimmte Entscheidungen treffen), hat also höchst ungewöhnliche Implikationen, die gegen sie zu sprechen scheinen. Andererseits wurde diese Ansicht von führenden Utilitaristen wie Sidgwick geteilt. Dieser schrieb: »[Es] liegt auf der Hand, daß, vorausgesetzt, dieses durchschnittliche genossene Glück bliebe unvermin-

8 Nick Bostrom, *Existential Risk FAQ*, version 1.2 (2013), Nr. 9, 〈http://www.existential-risk.org/faq.html〉.

dert, der Utilitarismus uns vorschreibt, die Anzahl der Genießenden so groß wie möglich zu machen.«[9] Dann fragte er sich, was Utilitaristen tun sollten, falls mehr Menschen das durchschnittliche Glücksniveau zwar reduzieren würden, es durch diese zusätzlichen Menschen aber insgesamt mehr Glück gäbe, und kommt zu dem Schluss, wir sollten nach der größten Gesamtmenge des Glücks und nicht nach dem höchsten Durchschnitt streben. Bostrom muss hier jedoch keine Stellung beziehen: Falls die Menschheit die nächsten ein oder zwei Jahrhunderte überlebt, hält er es nämlich für wahrscheinlich, dass wir unsere Lebensqualität extrem steigern können, sodass sowohl die Gesamt- als auch die Durchschnittsmenge zunehmen wird.

Die Alternative zu Bostroms Position habe ich an anderer Stelle die »Vorherige-Existenz-Ansicht« (*prior existence view*) genannt: Denjenigen Menschen – oder weiter gefasst: fühlenden Wesen –, die unabhängig von unseren Entscheidungen bestehen oder bestehen werden, sollten wir ein möglichst gutes Leben zuteilwerden lassen; wir sind jedoch nicht dazu verpflichtet, Menschen zum Leben zu erwecken, die sonst überhaupt nicht existiert hätten.[10] Die Ansicht deckt sich auch mit der häufig vertretenen Überzeugung, der zufolge es keine Verpflichtung gibt, Kinder zu bekommen, auch wenn man ihnen einen guten Start ins Leben ermöglichen könnte und sie wahrscheinlich ein glückliches Leben führen würden. Diese Sicht der Dinge ist jedoch gravierenden Einwänden ausgesetzt. Wäre es beispielsweise richtig, unsere Umweltprobleme zu lösen, indem wir ein

---

9 Henry Sidgwick, *Die Methoden der Ethik*, (Leipzig: Klinkhardt, 1909), Bd. 2, 203 f.

10 Siehe Peter Singer, *Praktische Ethik* (Stuttgart: Reclam ³2013, S. 166-168, 200-217. Zu einer neueren Darstellung meiner diesbezüglichen Ansichten, die den vorliegenden Rahmen sprengen würde, siehe Katarzyna de Lazari-Radek, Peter Singer, *The Point of View of the Universe* (Oxford: Oxford University Press, 2014), S. 361-377.

Sterilisationsmittel in die Wasserversorgung einleiten und so zur letzten Generation auf Erden werden? Nehmen wir an, dass dies unterm Strich wirklich alle Menschen wollen und niemand von dem Gedanken an das Ende unserer Spezies beunruhigt wird oder unglücklich darüber ist, keine Kinder mehr bekommen zu können. Was alle wollen, ist diejenige Art von luxuriösem Lebensstil, die das Verbrennen großer Mengen fossiler Brennstoffe erfordert – aber nicht die Schuldgefühle, die der Gedanke hervorruft, künftigen Generationen einen zugrunde gerichteten Planeten zu hinterlassen. (Wenn Sie sich fragen, was mit den nichtmenschlichen Tieren geschieht, dürfen Sie annehmen, dass wir einen Weg finden, auch diese zu sterilisieren.) Ist es also moralisch vertretbar, die außergewöhnliche Geschichte des intelligenten Lebens auf der Erde zu beenden, falls es den schon existierenden Wesen nützt und keinem von ihnen schadet? Falls nicht, kann die Vorherige-Existenz-Ansicht auch nicht die ganze Wahrheit über den Wert zukünftiger Wesen sein.[11]

Wie das Beispiel des möglichen Asteroideneinschlags zeigt, ist es in der Praxis ganz klar, dass wir zumindest einige existentielle Risiken reduzieren sollten – unabhängig davon, ob wir es für diejenigen tun, die bereits am Leben sind oder es bald sein werden, oder ob wir im Interesse künftiger Generationen handeln, die nur existieren, falls das intelligente Leben auf der Erde weiterbesteht. In der verwirrenden philosophischen Debatte über den Wert lediglich möglicher zukünftiger Generationen geht es darum, *wie sehr* wir uns um die Senkung existentieller Risiken bemühen sollten. Selbst wenn man Bostroms konservativere Zahlen heranzieht,

11 Die einflussreichste Kritik derjenigen Ansichten, die denen, die existieren oder unabhängig von unseren Entscheidungen existieren werden, Priorität einräumen, findet sich in Parfit, *Reasons and Persons*, Teil 4. Zu einer aktuellen Diskussion verwandter Ansichten im Rahmen existentieller Risiken siehe Beckstead, *The Overwhelming Importance of Shaping the Far Future*, Kapitel 4 und 5.

scheint aus den Berechnungen des Erwartungsnutzens zu folgen, dass die Verringerung solcher Risiken Vorrang vor allen anderen guten Zwecken haben müsste. Doch Ressourcen sind knapp, und für altruistische Mittel gilt das umso mehr. Je stärker effektive Altruisten sich also auf die Verringerung eines existentiellen Risikos konzentrieren, desto weniger werden sie Menschen in extremer Armut oder leidenden Tieren helfen können. Ist die Minderung solcher Risiken also wirklich wichtiger? Bostrom ist bereit, diese Konsequenz zu ziehen:

> Der uneingeschränkte Altruismus ist zu selten, als dass wir es uns leisten könnten, ihn auf eine Vielzahl von Wohlfühlprojekten suboptimaler Wirksamkeit zu verschwenden. Wenn die Menschheit von der Erhöhung der existentiellen Sicherheit einen um ein Vielfaches höheren erwarteten Nutzen hat als von den Alternativen, dann tun wir gut daran, uns auf diese effizienteste Form der Philanthropie zu konzentrieren.[12]

Spenden zur Verringerung der globalen Armut oder des Tierleids als »Wohlfühlprojekte« zu bezeichnen, an die Ressourcen »verschwendet« werden, ist starker Tobak. Schuld an Bostroms Frustration trägt zweifellos die Tatsache, dass der Verringerung existentieller Risiken nicht die ihr eigentlich gebührende Aufmerksamkeit zuteilwird. Dennoch ist eine solche Wortwahl wahrscheinlich kontraproduktiv. Wir müssen mehr Menschen dazu ermutigen, effektiv altruistisch zu denken und zu handeln, kurz: effektiv altruistisch zu sein, und Ziele wie die Armutsbekämpfung werden das eher erreichen als das Ziel, existentielle Risiken zu senken. Je mehr effektive Altruisten es gibt, desto größer die Wahrscheinlichkeit, dass zumindest einige von ihnen dann auch auf dieses Problem aufmerksam werden und sich ihm stellen.

12 Bostrom, »Existential Risk Prevention as Global Priority«, S. 19.

Oft haben wir keine klare Vorstellung davon, wie wir existentielle Risiken reduzieren sollen, was scheinbar gegen die Schlussfolgerung spricht, dass es sich hier um die effizienteste Form der Philanthropie handelt. In Bostroms eigenen Worten: »Bisher gibt es keine Lösung für das Problem, wie sich existentielle Risiken minimieren lassen.«[13] Das gilt zwar nicht für alle existentiellen Risiken, denn wir haben zum Beispiel genug Ahnung davon, wie ein Asteroideneinschlag verhindert werden kann, um uns an die Arbeit zu machen. Bei vielen anderen Risiken tappen wir jedoch im Dunkeln. Was wird beispielsweise nötig sein, um den Bioterrorismus aufzuhalten? Heute sind Wissenschaftler, die mit Viren arbeiten, in einer ähnlichen Situation wie einige Atomphysiker vor dem Zweiten Weltkrieg. Diese stritten damals darüber, ob sie Daten veröffentlichen sollten, die anderen Physikern eventuell zum Bau einer fürchterlichen neuen Bombe verhelfen würden. Ein Teil dieser Informationen wurde dann veröffentlicht, und neben britischen und amerikanischen erfuhren auch deutsche Wissenschaftler davon. Glücklicherweise gelang es den Nazis zwar nicht, eine Atombombe zu bauen, die Zeit lässt sich jedoch nicht mehr zurückdrehen, und wir müssen nun wohl oder übel mit Atomwaffen leben. Im Bereich der Biowissenschaften – um nur ein weiteres Beispiel zu nennen – ist es Forschern an der State University of New York in Stony Brook gelungen, ein lebendes Poliovirus zu synthetisieren. Sie veröffentlichten ihre Ergebnisse in *Science* und erklärten, dass sie »das Virus erschaffen haben, um davor zu warnen, dass Terroristen biologische Waffen entwickeln könnten, ohne sich ein natürliches Virus beschaffen zu müssen«.[14] Verringerten diese Forschungen und deren an-

13 Ebd., S. 26.
14 A. Pollack, »Scientists Create a Live Polio Virus«, *New York Times*, 2.7.2002. Ich verdanke diesen Hinweis und weitere Gedanken in diesem Abschnitt Michael Selgelid, »Governance of Dual-Use Research.

schließende Publikation also die Gefahr, dass der Bioterrorismus die Menschheit auslöscht oder brachte das potenzielle Terroristen erst auf die Idee, neue Viren zu synthetisieren? Woher sollen wir das wissen?

Einige effektive Altruisten interessieren sich besonders für Gefahren, die mit der Entwicklung einer künstlichen Intelligenz (KI) verbunden sind. In ihren Augen müssen wir sicherstellen, dass eine KI *freundlich* sein wird, womit sie meinen: freundlich zu uns Menschen. Luke Muehlhauser, der geschäftsführende Direktor des Machine Intelligence Research Institute (MIRI), ist der Ansicht, dass die Entwicklung einer KI, die ausgereift genug ist, um sich selbst zu verbessern, eine Kaskade weiterer Verbesserungen in Gang setzen wird, und

> von da an wären wir quasi in der Lage der doofen Schimpansen, die beobachten, wie diese neumodischen »Menschen« Feuer und Landwirtschaft und Schreiben und Wissenschaft und Kanonen und Flugzeuge erfinden und die ganze Welt erobern. Und genau wie die Schimpansen werden wir dann nicht mehr dazu fähig sein, mit diesen uns überlegenen Wesen zu verhandeln. Unsere Zukunft wird davon abhängen, was *sie* wollen.[15]

Die Analogie ist jedoch ebenso anschaulich wie zweischneidig. Die Entwicklung der höheren menschlichen Intelligenz war zugegebenermaßen schlecht für die Schimpansen – aber sie war gut für die Menschen! Es lässt sich darüber streiten, ob das gut oder schlecht war, wenn man es vom »Standpunkt des Universums« aus betrachtet (um Sidgwicks Formulierung zu benutzen). Hat das menschliche Leben aber

An Ethical Dilemma«, in: *Bulletin of the World Health Organization* 87 (2009), S. 720-723.

15 Luke Muehlhauser, *Facing the Intelligence Explosion*, Kapitel 13, verfügbar auf: ⟨intelligenceexplosion.com/2012/intelligence-explosion⟩.

hinreichend positive Konsequenzen, um das von uns verursachte Tierleid auszugleichen, und haben wir Grund zu
der Hoffnung, dass Mensch und Tier es in Zukunft besser
haben werden, dann wird sich diese Entwicklung im Endeffekt vielleicht als gut herausstellen. Rufen wir uns Bostroms Definition eines existentiellen Risikos ins Gedächt-
nis: Dort geht es nicht um die Vernichtung der Menschheit,
sondern um die Vernichtung des »intelligenten Lebens irdischen Ursprungs«. Unparteiisch gesehen, muss es keine Katastrophe darstellen, wenn eine andere Form bewussten intelligenten Lebens die menschliche Spezies ersetzt. Selbst
wenn die intelligenten Maschinen uns alle umbringen würden, wäre das ja nur ein äußerst kleiner Wertverlust gegenüber demjenigen, den Parfit und Bostrom prophezeien, falls
es zur Auslöschung des gesamten intelligenten Lebens irdischen Ursprungs kommt. Der springende Punkt ist also
nicht, ob eine KI uns wohlgesinnt wäre, sondern, ob sie das
Wohlergehen aller fühlenden Wesen – ihr eigenes eingeschlossen – im Sinn hat. In Kapitel 8 habe ich ein Argument
vorgestellt, demzufolge Wesen mit hochentwickelten Denkfähigkeiten leichter eine unparteiische ethische Haltung einnehmen können. Wenn das stimmt, haben wir Grund zu der
Annahme, dass superintelligente Wesen – ob biologisch oder
mechanisch – auch ohne unser Zutun so viel Gutes tun werden, wie sie nur können.

Verfügen wir über ein klares Verständnis davon, wie einige existentielle Risiken verringert werden können, während es uns bei anderen fehlt, dann dürfte es besser sein, sich
auf Erstere zu konzentrieren, aber gleichzeitig auch noch
einige Mittel in die Erforschung Letzterer zu stecken.

Denjenigen, denen es wie Parfit und Bostrom vor allem
darum geht, das intelligente Leben auf der Erde zu erhalten,
steht noch ein anderer Ausweg offen: Der Bau eines siche-
ren, gut ausgestatteten Zufluchtsorts, der darauf ausgelegt

ist, ein paar hundert Menschen vor vielen der Katastrophen zu schützen, die sonst das Ende unserer Spezies bedeuten würden. Einander abwechselnde Menschen, die zuvor aufgrund ihrer genetischen Vielfalt ausgewählt und auf Infektionskrankheiten untersucht wurden, könnten ihn sozusagen im Schichtbetrieb bewohnen.[16] Allerdings würde auch diese Zufluchtsstätte ihre Bewohner nicht vor allen oben genannten Untergangsszenarien bewahren. Zudem bestünde die Gefahr, dass manche Staatsoberhäupter eher bereit wären, die Leben anderer zu riskieren, wenn sie wüssten, dass sie selbst sowie ihre Familien einen Atomkrieg oder eine andere katastrophale Folge einer riskanten Entscheidung an einem solchen Ort überleben könnten. Diese Gefahr ließe sich zwar vermeiden, falls man den Regierenden den Zutritt verwehren könnte, doch das scheint angesichts einiger heutiger politischer Systeme nur schwer vorstellbar zu sein.

In diesem Kapitel habe ich das Terrain erkundet, auf das sich Philosophen und einige der philosophischer eingestellten effektiven Altruisten in ihren Diskussionen begeben. Das hat uns manchmal auf Ab- oder Umwege geführt, doch auf *eine* Strategie sollten wir uns alle einigen können: Wir sollten Maßnahmen ergreifen, um das Risiko der Auslöschung der Menschheit zu reduzieren, falls diese Schritte auch bereits existierenden fühlenden Wesen hocheffektiv zugutekommen. So wird beispielsweise das Ende oder die Verringerung des Konsums von Tierprodukten den Tieren nützen, den Ausstoß von Treibhausgasen senken sowie die Wahrscheinlichkeit einer Pandemie verringern (da die heutigen, überfüllten Massentierhaltungsbetriebe einen idealen Nährboden für neue Viren darstellen). Das sieht also nach einer Strategie aus, die Priorität haben sollte. Eine andere Strategie, die unmittelbare Vorteile mit der Reduzierung

16 Nick Bostrom macht einen solchen Vorschlag auf ⟨http://www.exis tential-risk.org/faq.html#10⟩.

existentieller Risiken kombiniert, könnte darin bestehen, Frauen besser auszubilden und sie zu stärken, da diese in der Regel weniger aggressiv sind als Männer. Ihnen mehr Mitspracherechte in nationalen und internationalen Angelegenheiten zu verschaffen, mag die Gefahr eines Atomkriegs verringern. Zudem hat sich gezeigt, dass mehr Bildung für Frauen dazu beiträgt, dass diese weniger und gesündere Kinder haben, was uns auch eine bessere Chance gibt, die Weltbevölkerung auf einem tragfähigen Niveau zu stabilisieren.

Nachwort

Ich beende dieses Buch im August 2014 – zu einer Zeit, die einem leicht mehr und mehr von Menschen beherrscht vorkommen kann, denen Mitleid fremd ist und die für ihre nationalistischen oder religiösen Ziele über Leichen gehen. Die Zeitungen sind voll von Taten, die vom effektiven Altruismus moralisch gesehen nicht weiter entfernt sein könnten. Separatisten in der Ukraine haben sich gegen die Regierung erhoben, und der daraus resultierende Konflikt hat Hunderte von Zivilisten am Boden und in der Luft (fast 300 Menschen starben, als ein Passagierflugzeug von einer Rakete abgeschossen wurde) das Leben gekostet. Der lang andauernde Konflikt zwischen Israel und den Palästinensern hat sich wieder einmal tödlich verschärft, da die Hamas von dicht besiedelten Gebieten im Gazastreifen aus Raketen auf Israel abfeuert und die Schläge der israelischen Streitkräfte sowohl viele Zivilisten als auch viele Kämpfer das Leben gekostet haben. Im Irak und in Afghanistan gibt es weitere Konflikte, und auch in Syrien wird der Bürgerkrieg ohne Aussicht auf Besserung für dieses unglückliche Land fortgesetzt. Kein Wunder, dass man mich bei Vorträgen zum effektiven Altruismus häufig fragt, wie ich hinsichtlich der menschlichen Natur und ihres altruistischen Potenzials optimistisch bleiben kann.

Die Welt scheint ein gewalttätigerer und gefährlicherer Ort zu sein als jemals zuvor – doch dieser Eindruck täuscht, er wird von den Medien erzeugt. Sicher, es gibt viele gewalttätige Menschen, aber das Risiko einer zufällig ausgewählten Person, heute eines unnatürlichen Todes zu sterben, ist geringer als in der gesamten bisherigen Menschheitsgeschichte.[1] Mit »In Nordamerika bleibt es weiterhin friedlich« (genauso wie in den meisten Ländern Europas bzw. in China, Indien oder Südamerika) macht man eben keine Schlagzeilen – offenbar genauso wenig wie mit den stetigen Fortschritten bei der Verringerung des menschlichen Leids und der Verhinderung vorzeitiger Todesfälle.

Hier ist ein Beispiel für diese Fortschritte. Als ich 2009 mein Buch *Leben retten* schrieb, bezog ich mich auf den damals aktuellen UNICEF-Bericht über Todesfälle bei Kindern, demzufolge jährlich fast 10 Millionen Kinder an vermeidbaren, mit der Armut im Zusammenhang stehenden Ursachen starben. Im folgenden Jahr erschien die Taschenbuchausgabe des Buches, und die Zahl war auf unter 9 Millionen gefallen. Während ich nun das vorliegende Werk zu Ende bringe, liegt die UNICEF-Schätzung bei 6,3 Millionen. Innerhalb von fünf Jahren sank die Zahl der Kinder, die täglich an vermeidbaren Krankheiten sterben, also von 27 000 auf 17 000. Ich habe nicht die Absicht, das Ausmaß der Tragödie in Syrien herunterzuspielen, wo der blutigste der aktuellen Konflikte tobt, doch selbst dort gab es in den letzten drei Jahren pro Tag durchschnittlich weniger als 150 Opfer.[2] Wenn uns angesichts dieser Zahl das Gefühl beschleicht, der Kampf für eine bessere Welt sei hoffnungslos, dann sollte die Tatsache, dass jeden Tag auch 10 000 Kinder weniger sterben, das Bild wieder etwas zurechtrücken. Die altruistischen Bemühungen, diese Kinder vor Malaria, Masern, Durchfall und Lungenentzündungen zu schützen,

---

1 Steven Pinker, *Gewalt. Eine neue Geschichte der Menschheit* (Frankfurt: S. Fischer Verlag, 2011).
2 Zu Schätzungen der Opferzahlen des syrischen Bürgerkriegs siehe ⟨http://en.wikipedia.org/wiki/Casualties_of_the_Syrian_Civil_War⟩. Momentan liegt die höchste dieser Schätzungen bei 171 509 für einen Zeitraum von etwas mehr als drei Jahren, was einen Tagesdurchschnitt von 144 Todesfällen ergibt.

haben eine wichtige Rolle bei deren Rettung gespielt, und das sollte uns dazu ermutigen, weiterzumachen und so lange noch mehr zu leisten, bis das von vermeidbaren Krankheiten verursachte Massensterben sich nicht mehr wiederholt.

Ich habe hier Einblicke in das Leben einiger effektiver Altruisten gegeben, um hervorzuheben, was den effektiven Altruismus auszeichnet, und ich habe versucht zu zeigen, wie diese neue Bewegung die Palette der ethischen Lebenswege bereichert. Dadurch ist vielleicht der Eindruck entstanden, ein effektiver Altruist müsse sich für Dinge entscheiden, die den meisten Menschen extrem vorkommen: die Hälfte des eigenen Einkommens an effektive Hilfsorganisationen abtreten; einen Beruf ergreifen, bei dem man mehr verdient, um so auch mehr geben zu können; einem Fremden eine Niere spenden. Abschließend möchte ich daher noch einmal betonen, dass die meisten effektiven Altruisten ihre beiden Nieren noch haben, dass sie die gleiche Karriere planen oder verfolgen, die sie im Auge hatten, bevor sie vom effektiven Altruismus hörten, und dass sie eher ein Zehntel ihres Einkommens spenden als die Hälfte davon.

Der effektive Altruismus bedeutet einen Fortschritt sowohl in unserem ethischen Verhalten als auch in der praktischen Anwendung unserer Vernunft. Ich habe ihn als eine im Entstehen begriffene Bewegung charakterisiert, was nahelegt, dass er sich auch weiterhin entwickeln und verbreiten wird. Falls das passiert und irgendwann eine kritische Masse an effektiven Altruisten erreicht ist, wird es nicht mehr länger seltsam erscheinen, sich das Lebensziel zu setzen, »so viel Gutes wie mir möglich« zu tun. Im Mainstream dürfte sich der effektive Altruismus dann noch schneller verbreiten, da es offensichtlich sein wird, wie einfach es ist, eine Menge Gutes zu tun und sich dadurch auch selbst besser zu fühlen. Ob und wann wir diese kritische Masse erreichen, hängt von der Bereitschaft von Menschen auf der ganzen Welt ab, sich zu einem neuen ethischen Ideal zu bekennen: so viel Gutes zu tun wie möglich.

Register